玩笑大歷史、歷史大玩笑

為皇位喋血的男人，為邀寵鬥爭的女人

別折騰了，皇帝老爺

前言

世上有兩部歷史，一部是滿紙假話的歷史，是給皇太子看的；一部是大膽揭露秘密的歷史，它才能還原歷史的本來面目……

——法國・巴爾札克

皇權背後的眞相

俗語說：外行的看熱鬧，內行的看門道，看歷史也是如此。當我們用放大鏡仔細檢視歷代帝王的一舉一動時，不禁會發出一聲感嘆：即使是所謂天命攸歸的皇帝老爺，其實骨子裡仍然是凡夫俗子，一樣會有七情六欲、貪嗔癡怨；只是因爲披上了龍袍皇冠，讓他們多了一層神秘的面紗。

因此，我們可以看到有三個國家的國君爲了一個女人爭風吃醋的荒唐事，也可以看到

曹氏兄弟為了美女而手足相殘的悲劇；或是當今太子卻被自己母后秘謀毒殺的慘劇。更有甚者，完全忘了自己是一國之君，該當勵精圖治，整頓國事，卻把自己視做風流才子、詩人騷客，整日只知吟詩作詞、附庸風雅，絲毫不顧天下蒼生的死活安危。有的帝王更身具奇怪癖好，竟以殺人虐人為樂，終於搞得民怒人怨，導致亡國。

還有不少的皇帝，雖然身在帝王之家，心卻另有所屬，毫不眷戀王位，如史上有名的英王愛德華八世，寧可將大好江山拱手讓出，只求有美人相陪就於心足矣；或是不愛美女卻愛美男的特殊嗜好；以及一心只求尋仙求佛、遁入空門的帝王。酒池肉林、斷袖之癖、焚書坑儒……都只是皇帝老爺尋歡作樂的手段之一。皇帝做成如此德性，真是不做也罷了！

在看過古今中外許多皇帝的「豐功偉業」之後，除了感受到王者之尊的欺世盜名外，我們不禁懷疑：到底還有什麼事是皇帝老爺想不出來、做不出來的？身為無奈又無助的小老百姓，只能說：求求皇帝老爺們，別再折騰啦！

目錄

目錄

目錄

目錄

亂世的隱患

夏姬侍奉三國君王秘事

夏姬，春秋時代鄭穆公的女兒。她是春秋時代有名的美女，因為嫁給陳國的大夫夏御叔為妻，因而稱為夏姬。由於貌美非常，並與多位諸侯、大夫通姦，引出一連串的歷史事件，號稱「殺三夫一君一子，亡一國兩卿」。

東周時期，陳國有個大夫叫夏御叔，食采邑於株林，取鄭穆公的女兒爲妻，名叫夏姬。夏姬生得蛾眉鳳眼，杏眼桃腮，狐色狐媚，妖淫成性。少女時即成爲兄長與國內權臣染指的對象。傳說在她及笄之年，夢見一個偉岸異人，星冠羽服，自稱上界天仙，與她交合，教她吸精導氣的方法，名爲「素女採戰術」，能使女人欲老還少。夏姬從而也得知了

返老還童，青春永駐的採補之術。

她未出嫁時，便與自己的庶兄公子蠻私通，不到三年，公子蠻死去，她就嫁給夏御叔，夏姬的名字也就由此而來。夏姬嫁給夏御叔不到九個月，便生下了一個白白胖胖的兒子，雖然夏御叔有些懷疑，但是惑於夏姬的美貌，也無暇深究。這個孩子取名夏南。

夏南十二歲時其父病亡，夏姬隱居株林。夏御叔壯年而逝，有人就說是死在夏姬的「採補之術」。夏姬成了一個不甘寂寞的寡婦，花開花落，獨守空閨。

這夏姬年近四十，仍是雲鬟霧鬢、剪水秋眸、肌膚勝雪。沒有多久，經常進出株林豪華別墅的孔寧與儀行父，先後都成了夏姬的床幕之賓。孔寧和儀行父與御叔關係不錯，曾窺見夏姬的美色，心中念念不忘。孔寧從夏姬那裏出來，裏面穿著從夏姬那裏偷來的錦襠，向儀行父誇耀。儀行父心中羨慕，也私交夏姬。夏姬見儀行父身材高大，鼻準豐隆，也有相與的心思。儀行父廣求助戰奇藥以媚夏姬，夏姬對他越發傾心。

一天，儀行父對夏姬說：「你賜給孔大夫錦襠，今天也請你給我一件東西以作紀念。」

夏姬嘻嘻笑著說：「錦襠是他偷去的，不是妾所贈。」又附耳說：「雖然同床共枕，也有厚薄之分。」於是解下她穿的碧羅襦贈給儀行父。儀行父自此往來更密，孔寧不覺受到冷落。

孔寧知道夏姬與儀行父過往甚密，心懷妒忌，於是心生一計。一天，孔寧獨自去見陳靈公，言談之間，向陳靈公盛讚夏姬的美豔，並告訴陳靈公夏姬嫺熟房中術，天下無雙。陳國的國君陳靈公是個沒有威儀的君主，爲人輕佻惰慢，耽於酒色，逐於遊戲，對國家的政務不聞不問。靈公說：「寡人久聞她的大名，但她年齡已及四旬，恐怕是三月的桃花，未免改色了吧！」

孔寧忙說：「夏姬熟曉房中之術，容顏不老，常如十七八歲女子模樣。且交接之妙，大非尋常，主公一試，自當魂銷。」

靈公一聽，欲火中燒，面孔發赤，恨不得立刻見到夏姬。

第二天，陳靈公微服出遊株林，孔寧在後邊相隨，這一遊就遊到了夏家。

夏姬事前已經得到消息，命令家人把裏裏外外打掃得纖塵不染，更張燈結綵，預備了豐盛的酒饌，自己更是打扮得花枝招展，等到陳靈公的車駕一到，大有賓至如歸的感覺。

夏姬穿著禮服出迎，她對靈公說：「不知主公駕臨，有失迎接。」其聲如黃鶯，委婉可人。靈公一看她的容貌，頓覺六宮粉黛全無顏色，即刻命夏姬：「換掉禮服，引寡人園中一遊。」夏姬卸下禮服，穿一身淡妝，恰似月下梨花，雪中梅蕊，另有一番風姿。

夏姬前面做嚮導，靈公、孔寧相隨入園。園子不大，卻有喬松秀柏，奇石名葩，池沼亭軒，朱欄繡幕。陳靈公觀看了一番，見軒中筵席已經備好，就坐了下來，孔寧坐在左邊，夏姬坐在右邊，酒擺在中間，靈公目不轉睛，夏姬也流波送盼。陳靈公方寸大亂。酒不醉人人自醉，又有孔寧的旁敲邊鼓，靈公喝得大醉。夏姬也秋波流盼，嬌羞滿面。

這夜靈公擁夏姬入帷，解衣共寢。但覺肌膚柔膩，通體欲融，歡會之時，宛如處女。對於這個一國之君，夏姬使出了渾身解數，有少女的羞澀，表現出若不勝情的模樣；有少婦的溫柔，展示出柔情萬種的態勢；更有妖姬的媚蕩，流露出份外的新鮮與刺激；整夜風月無邊，不知東方既白。

靈公嘆道：「寡人遇天上神仙也不過如此而已！」靈公本有狐臭，床笫功夫也不如孔、儀二大夫，但婦道人家三分勢利，不敢嗔嫌，枕席之上虛意奉承，睡至雞鳴方才起身。

靈公說：「寡人得交愛卿，回視六宮有如糞土。但不知愛卿是否有心於寡人？」

夏姬懷疑靈公已知孔、儀二大夫之事，於是回答說：「賤妾不敢相欺，自喪失夫，不能自制，未免失身他人。今日得以侍候君主，從此當永遠謝絕外交，如敢再有二心，當以重罪！」

靈公欣然說：「愛卿平日所交之人能告訴寡人嗎？」

夏姬說：「孔、儀二大夫，因撫遺孤，遂及於亂，再沒有其他人了。」

靈公大笑說：「難怪孔寧說卿交接之妙，大異尋常，若非親試，怎麼會知道？」

靈公起身，夏姬把自己貼身穿的汗衫給靈公穿上說：「主公看見此衫，如看見賤妾。」

次日早晨退朝，百官都散去了，靈公召孔寧感謝他薦舉夏姬的事，又召儀行父說：「如此樂事，何不早讓寡人知道?你二人占了先頭，是什麼道理？」

孔、儀二大夫說：「臣等並無此事。」

靈公說：「美人親口所言，你們也不必避諱。」

孔寧回答說：「這好比君有食物，臣先嘗之，父有食物，子先嘗之。倘若嘗後覺得不美，不敢進君。」

靈公笑著說：「不對。比如熊掌，讓寡人先嘗也不妨。」

三個人嘻嘻哈哈，胡言亂語。

靈公撩起衣服，扯著襯衣向二大夫顯示，孔寧撩開衣服，露出錦襠，儀行父解開碧羅襦。靈公又笑，說：「我們三人，隨身都有所證，改天同往株林，可作連床大會！」

陳靈公本是個沒有廉恥的人，再加上孔、儀二人一味奉承幫襯，更兼夏姬善於調停，三人抱成團，弄出個一婦三夫，同歡同樂的格局。

夏姬的兒子夏南漸漸長大知事，不忍見其母親所爲，只是礙於靈公，無可奈何。每次聽說靈公要到株林，就託辭避出，落得眼中清靜。

轉眼間夏南長到十八歲，生得長軀偉幹，多力善射。靈公爲取悅夏姬，就讓夏南襲父親的司馬官職，執掌兵權。夏南因感激嗣爵之恩，在家中設宴款待靈公。夏姬因兒子在座，沒有出陪，酒酣之後，君臣又互相調侃嘲謔，毫無人形。

夏南因心生厭惡，便退入屏後，偷聽他們說話。靈公對儀行父說：「夏南軀幹魁偉，有些像你，是不是你生的？」

儀行父大笑：「夏南兩目炯炯，極像主公，估計還是主公所生。」

孔寧從旁插嘴：「主公與儀大夫年紀小，生他不出，他的爹爹極多，是個雜種，就是夏夫人自己也記不起了！」三人拍掌大笑。

夏南聽到這裏，羞惡之心再也難遏，暗將夏姬鎖於內室，從便門溜出，吩附隨行軍眾，把府第團團圍住，不許走了靈公和孔、儀二人。夏南戎裝披掛，手執利刃，引著得力家丁數人，從大門殺進去，口中叫道：「快拿淫賊！」陳靈公口中還在不三不四，耍笑弄酒，孔寧卻聽到人聲嘈雜，叫了聲不好，三人起身就跑。

陳靈公還指望跑入內室求救於夏姬，哪知門早已上鎖，他慌不擇路，急向後園奔去。夏南緊追不捨。靈公跑到東邊的馬廄，想從矮牆上翻過去，夏南攀弓颼的一箭，沒有射中，靈公嚇得鑽進馬廄，想躲藏起來，偏馬群嘶鳴不止。他又撤身退出，剛好夏南趕到，一箭射中靈公胸口，陳靈公即刻死在馬廄下。

再說孔、儀二人，見靈公向東奔，知道夏南必然追趕，就換路往西，從狗洞裏鑽出去，不敢回家，赤著身子逃到楚國去了。

夏南不忿爲人恥笑，帶著家丁將陳靈公射殺，然後謊稱「陳靈公酒後急病歸天」，他和大臣們立太子午爲新君，就是陳成公。但他想到，沒有不透風的牆，害怕別的諸侯來問殺君之罪，就請陳成公朝見晉國，找個靠山。

夏南弒君，陳國人倒沒計較，但楚國偏聽逃亡的孔寧與儀行父一面之詞，決意討伐，抓住夏南施以「車裂」。這時候，陳成公到晉國去還沒回來，大臣們一向害怕楚國，不敢對敵，只好把一切罪名全都推在夏南身上，便開了城門，迎接楚軍。大夫轅頗帶領楚軍到株林去殺了夏南，捉住夏姬，送到楚莊王跟前，請他處治。

至於夏姬，楚莊王見她顏容妍麗，對答委婉，不覺爲之怦然心動，但楚王聽說在她身旁的男人都會被詛咒身亡，便將這個女人賜給了連尹襄。

連尹襄也沒享幾天豔福就戰死沙場，夏姬假託迎喪之名而回到鄭國，然而楚國大夫屈巫久慕夏姬美豔，借出使齊國的機會，繞道鄭國，在驛站館舍中與夏姬幽會，結下秦晉之好。

歡樂過後，夏姬在枕頭旁問屈巫：「這事曾經稟告楚王嗎？」

屈巫也算一個情種，說道：「今日得偕魚水之歡，大遂平生之願，其他在所不計！」

投奔晉國。

第二天就上了一道表章向楚王通報：「蒙鄭君以夏姬爲臣妻室，臣不肖，遂不能推辭。恐君王見罪，暫時去了晉國，出使齊國的事，望君王別遣良臣，死罪！死罪！」然後帶夏姬投奔晉國。

當時楚莊王派公子嬰齊率兵抄沒了屈巫的家族。這個女人年過四旬，居然讓一個外交大臣放棄整個家族與之私奔，可見其媚力之大，古往今來獨此一人而已。

傳說夏姬會採補術和永保處女之身的內視法。這些方法可以使人童顏不改，青春常在，不論歲月怎麼增加，她都照樣美麗窈窕，嫵媚動人。凡與她發生關係的男人都當她是處女，只是，凡與她發生過關係的男人都不長壽，原因是她的採陽補陰青春不老術損傷了男人，使他們體衰而亡。可是儘管如此，一些男人仍貪戀她的美色和不同一般的妙處，紛紛與她往來，因而發生多起爭風吃醋殺人的事件。

夏姬一生，與陳靈公等三個國君有不正當關係，故稱「三代王后」；她先後嫁了七次，又稱「七爲夫人」；有九個丈夫死於她的採補之術，又稱「九爲寡婦」。

夏姬絕色誘人，一直是各國君臣追逐的對象。在群雄林立爭霸的春秋亂世，身處於列強夾縫中的小國女子，夏姬的一生注定要輾轉各國，飽嘗滄桑。如果藉顏色來比喻，夏姬愛欲糾葛的人生是熾熱的大紅色，亂世各國詭譎的政治交鋒是冷凝的大黑色。世人多謂紅顏禍水，其實不然，起禍的原因，還是在男人手中。女人的一生，在歷史上看，幾乎就是

一部玩弄史。古語說「宮女好細腰，楚人多餓死」就是這種傾向。無論中外，宮廷的事總是爲世人所推崇，唐朝的雲鬢，溫庭筠的媚詞豔曲都是投其所好。

美色引燃的烽煙

三國君爭奪息夫人秘事

息夫人，春秋時期息國國君的夫人，出生於陳國（今河南淮陽縣）的媯姓世家，因嫁給息侯故又稱息媯。後楚文王以武力得之。因容顏絕代，目如秋水，臉似桃花，又稱為「桃花夫人」。

當時楚很強盛，相繼滅掉了鄧國，攻克了權國，征服了隨國，打敗了鄖國，漢東諸國基本上都被楚國降伏了，無不稱臣納貢。只剩下蔡國恃與齊侯婚姻，齊領導中原諸侯同盟，所以未曾服楚。楚文王熊貲繼位後，於周莊王八年把楚國的都城由丹陽遷到郢，這時楚稱王已及二世。有鬥祈、屈重、鬥泊比、遭章、鬥廉，胃拳諸人爲輔，虎視漢陽，漸有

向中原擴張的意圖。

陳國的國君有兩個女兒，大女兒已嫁給蔡哀侯，小女兒嫁給息侯。蔡娶在先，息娶在後。息夫人嬀氏有絕世之貌，眼如秋水，臉似桃花，麗若芙蓉，雅若蕙蘭，站著像臨風弱竹，走路像仙子凌雲。

就在這一年，息嬀回陳國省親，路經蔡國，進城探望姐姐。蔡哀侯說：「我小姨至此，豈可不相見？」派人邀請息嬀至宮中款待，親自作陪，在席上對息嬀進行調戲，語及戲謔，全無敬客之意。息嬀大怒而去。從陳國歸來時也沒有再入蔡國。息侯聞蔡侯調戲他的妻子，登時火冒三丈，圖謀報復。

息侯遣使入貢於楚，使者對楚王說：「臣主母歸寧於陳，經過蔡國，蔡侯不以禮貌相待，故臣主公怨咎蔡侯失禮，但國小兵少，不能報怨，現在聽到大王東征西伐，威鎮漢東，特令臣奉表求師伐蔡，況且蔡自恃與齊聯姻，不肯朝貢於楚。蔡亡則息國的貢賦全歸於楚，望王察之。」

楚王躊躇說：「但是以什麼理由進兵呢？」

使者說：「若楚兵假裝進攻我國，我求救於蔡，蔡君勇而輕，必然親來相救。我與楚合兵攻蔡，就可以俘虜蔡侯。那樣就不怕蔡不朝貢了。」

楚文王定都郢後，勢力已伸向南陽盆地，這時正圖謀東向，以擴大北上爭霸的通道，

而地處汝水、淮水之濱的蔡、息，正是楚文王夢寐以求的地方，所以當聽到息侯的請求後，當然就按此計畫進行，決定興兵假攻息國。

息侯求救於蔡侯，蔡哀侯果然起兵救息。安營未定，楚伏兵齊起。哀侯不能抵擋，急走息城。息候閉門不納，蔡哀侯大敗而走。楚兵從後面追趕，在莘野活虜哀侯歸國。息侯大犒楚軍，親自送楚文王出境。

被俘的蔡侯問楚王：「君處南海，分土爲界，何故興兵擄我？」

楚王笑說：「你的親戚息侯請兵擒你！」

蔡哀侯始知中了息侯之計，仰天嘆道：「唇齒相傷，難道蔡亡息能保全麼？」

孔子撰《春秋》，第一次記載了楚國的事。蔡是姬姓國，開國君主是周武王弟叔度。現在楚文王竟然把蔡國君都俘虜走了，中原各國也就當然不敢小看楚國了。

楚文王回國，打算把蔡哀侯烹了，以饗太廟。大臣鬻拳勸說道：「大王方有取中原的意向，假若殺了蔡侯，諸侯都恐懼，必然聯合抵抗，不如把他放回去。」再三苦諫，楚文王就放了蔡侯。回國前，楚王於迎暉堂大排筵席，爲他餞行，席中盛張女樂。

有個彈箏的女子，儀容秀麗，楚王指謂蔡侯曰：「此女色技俱勝，可進你一杯灑。」即命此女以一大杯灑敬蔡侯，蔡侯一飲而盡。

楚王得意地笑問：「君生平所見，有此絕世美色否？」

蔡侯想起息侯導楚敗蔡之仇，就曰：「天下女色，沒有比得上息嬀，那才是天仙啊！」

楚王問：「其色何如？」

蔡侯曰：「目如秋水，臉似桃花，長短適中，舉動生態，世上無有其二！」接著搖動三寸不爛之舌，把息嬀的容貌著實誇耀了一番。

楚王嘆氣道：「寡人得一見息夫人，死不恨矣！」

蔡侯說：「以君之威，雖齊姬來了，致之不難，何況這屋簷下一婦人？」楚王大悅，是日盡歡而散。蔡侯遂辭歸本曰。

楚王聞蔡侯誇息嬀之貌，心甚傾慕，欲得息嬀，借巡視各方為名，來到息國。息侯迎謁道左，極其恭敬。親自安排館舍，於朝堂設宴款待。息侯執杯而前，為楚王壽。

楚王接酒杯在手，微笑著說：「昔者寡人曾效微勞於你的夫人，今寡人至此，你的夫人為何不為我進一杯酒？」

息侯懼楚之威，明知弦外有音，但又不敢違抗，只好連聲答應，即時傳語宮中。不一會兒，聽到環珮的聲音，夫人息嬀盛服而至，別設毯褥，再拜稱謝。楚王答禮不迭。息夫人拿白玉酒杯，滿倒一杯向楚王進酒。素手與玉色相映，楚王視之大驚，其姿色果然天上徒聞，人間罕見，便想以手親接其杯。誰知息嬀不慌不忙，將酒杯遞與宮人，然後轉遞給楚王。楚王一飲而盡。息嬀再拜後告辭回宮。

楚王心念息嬀，心思恍惚。席散歸館，輾轉反側，夜不能寐。

第二天，楚王設酒宴於館舍，名爲答禮，暗中埋伏了許多兵甲。息侯赴席，酒至半酣，楚王假裝喝醉，對息侯說：「寡人有大功於你的夫人，今三軍在此，你的夫人從爲何不來慰勞？」

息侯推辭道：「敝國褊小，不足用此禮儀，望寬容小君。」

楚王拍案曰：「匹夫背義，敢花言巧言抗拒我？左右何不爲我擒下！」

息侯正待分辯，伏甲猝起，就席間把息侯捆綁起來。楚王親自引兵來到息宮，來尋息夫人。息夫人聞變，嘆道：「引狼入室，吾自取也！」遂奔入後園中，打算投井而死。

被鬥丹搶前一步，牽住衣裾說：「夫人不欲保全息侯的命麼？何必夫婦俱死！」息嬀沉默無語。

鬥丹引見楚王，楚王以好言撫慰，許諾不殺息侯。接著在軍中立息嬀爲夫人，載在後車拉回楚國。

息夫人貌美蓋世被譽爲「桃花夫人」。今黃陂縣東三十里處有桃花洞，上有桃花夫人廟，即息嬀。

楚文王將息國改爲楚國的屬地，安置息侯在汝水，封以十家之邑，息侯忿鬱而死。過

了三年，息嬀生了兩個兒子，長子取名熊艱，次子取名熊惲。息嬀在楚宮三年，從不與楚文王說話，只是終日流淚。

楚文王很奇怪，問她：「你現在服侍我，還生下一個孩子，卻爲何對我終日不開一言而鎮日落淚？以我荊襄大鎮，威鎮華夏，還有何不滿足？」

她回答說：「我一個女人，侍候二夫，即使不能死，又有何面目同別人言語？此是蔡侯的過錯啊！」說完，痛哭流淚，泣不成聲。

楚文王發現她還怨恨蔡侯，爲了博得她的歡心，便說：「夫人勿憂，寡人一定給你報仇！」於是就派兵打進蔡國，蔡侯打著赤膊請罪，並把庫藏寶物獻給楚軍，楚軍才退去。蔡哀侯被扣留在楚九年，死於楚國，他終於搬起石頭砸了自己的腳。

息嬀的結局已不可考，關於她的記載歧異甚多。《左傳》上說：楚文王滅息，以息嬀歸己。傳說她因國亡夫死之痛，與楚文王三年不通言語。而漢劉向《烈女傳》上卻說，楚文王滅息，虜獲息君夫婦，息夫人自殺，息君亦自殺，是雙雙自盡的。漢陽民間傳說，息君與息夫人在國破之後雙雙碰壁而死。

有這麼一個傳說：一天，她趁著文王出行打獵的機會，溜出宮外，與息侯見面，他們自知破鏡難圓，就雙雙殉情自殺了。後人在他們濺血之處遍植桃花，象徵鮮血遍地，並建桃花洞和桃花夫人廟紀念他們。楚人便以息夫人爲桃夫人，立祠以祀。後人又升格封她爲

主宰桃花的女神。

然而這一歷史事件的經過，《呂氏春秋》記載完全不同，是說楚文王欲取息、蔡，先佯和好蔡侯，與其謀取息。蔡侯說：「息夫人，吾妻之姨也。吾請爲饗息侯與其妻者，而與王俱，因而襲之。」楚文王依計照辦，遂取息。「旋舍於蔡，又取蔡。」是說楚王先取息，後取蔡。兩種說法雖有異，然楚文王以戰爭手段滅其國、妻其妻的史實則是一致的。

息嬀就是歷史上小有名氣的息夫人。唐人杜牧有詩云：「細腰宮裏露桃新，脈脈無言幾度春。畢竟息亡緣底事？可憐金谷墜樓人！」把息國滅亡的罪責全加在息夫人頭上不說，還怪她爲什麼不學晉代的綠珠，同樣是面對被掠走的命運，綠珠爲了報答主人，跳樓自盡了。其實，楚文王時，楚國社會尙處於奴隸制階段，母權制、父權制的遺風屢屢可見，作爲奪人之妻爲己妻的搶奪婚姻，當然也屬於人類早期婚姻史上常見的現象，不足爲怪。至於息亡因息嬀而起，那更屬於後來「女人誤國」的陳腐論調，更不足取。楚文王之滅息服蔡，乃是楚人的一貫「欲觀中國之政」的雄心壯志所必然，絕非因息嬀這一女人而起。

一個弱女子，致使三國兵禍相接，說是紅顏禍水應不爲過。然而，她哪裡能夠把握自己的命運。與那些積極參政議政以致亂政的美女們相比，她們是最無辜的。有句諺語說得好：匹夫何罪，懷璧其罪。

息夫人國破家亡以及不幸的遭遇，引來了古代人們的同情。唐代有人為她建造「桃花夫人廟」，一些文人墨客、才子雅士更是詠嘆不絕。其中著名的詩篇，要算王維的《息夫人》：

莫以今時寵，難忘舊時恩。看花滿眼淚，不共楚王言。

此外：清康熙年間，詩人鄧漢儀亦作《題息夫人廟》。詩曰：

楚宮慵掃黛眉新，只自無言對暮春。千古艱難唯一死，傷心豈獨息夫人！

銅雀台上的血淚

曹操垂涎「二喬」秘事

曹操（一五五～二二〇），字孟德，小名阿瞞，魏武帝。三國時期著名的政治家、軍事家、詩人，譙縣（今安徽亳縣）人。東漢末由鎮壓黃巾起義中擴大了軍事力量，後又在官渡之戰中大敗袁紹而逐漸統一了中國北部。封魏王後，興農築渠，用人唯才，使其統治地區初現興旺。其精兵法，善著詩，遺著《魏武帝集》，已佚。

三國時曹操欲吞併東吳，諸葛亮奉劉備之命到達江東勸說孫權聯合抗曹。周瑜是東吳的關鍵人物，諸葛亮為說服周瑜，欲擒故縱道：

「我有一計，既不必牽羊擔酒，納土獻印，也不必親自渡江；只要派一名使者，送兩

個人到江北給曹操，百萬大軍就會捲旗卸甲而退。」

周瑜問：「用哪兩個人？」

諸葛亮說：「我在隆中時，就聽說曹操在漳河新建了一座『銅雀台』，並且廣選天下美女置於其中。他很早就聽說江東喬公有兩個女兒，長曰大喬，次曰小喬，都有沉魚落雁之容，閉月羞花之貌。曾經發誓：『吾一願掃清四海，以成帝業；一願得江東二喬，置之銅雀台，以樂晚年，雖死無恨矣。』可見他率百萬雄兵，虎視江南，其實不過是爲得到這兩個女子。將軍何不去找那喬公，用千金買下這兩個女子，派人送給曹操。曹操得到她們之後，心滿意足，必然班師回朝。這是范蠡獻西施的妙計，還猶豫什麼？」

周瑜道：「曹操想得到二喬，有什麼證驗沒有？」

諸葛亮說：「曹操的小兒子曹植，下筆成文，曹操曾經命他寫了一篇《銅雀台賦》。賦中的意思，單道他家合爲天子，誓娶二喬。」

周瑜道：「先生還能記得這篇賦嗎？」

諸葛亮說：「我愛其文采華美，曾經把它背了下來。」說完，當即將《銅雀台賦》背誦了一遍。其中「攬二喬於東南兮，樂朝夕與之共」一語，果然是想要得到江東二喬的意思。

周瑜聽罷大怒，站起來指著北方大罵道：「老賊欺人太甚！」

諸葛亮連忙勸阻說：「當年漢朝皇帝曾以公主和親，今天爲了退敵，這民間的兩個女子有什麼可惜的呢？」

周瑜道：「先生有所不知，大喬是孫伯符之婦，小喬乃周瑜之妻。」

諸葛亮佯裝惶恐道：「我確實是不知此事，矢口亂說，死罪死罪！」

周瑜道：「我與老賊誓不兩立，希望先生助我一臂之力。」於是，二人遂訂下聯合抗擊曹軍的大計。

這是羅貫中在《三國演義》中有意渲染曹操覬覦二喬美色的主觀意圖。小說家言，並不可信。因爲赤壁之戰在建安十三年，銅雀台建於十五年，談不上「銅雀春深鎖二喬」。羅貫中把曹植原賦的「連二橋於東西兮，若長空之蝃蝀」，改爲「攬二喬於東南兮，樂朝夕之與共」純屬小說的虛構。但如果說起三國時期的美女，人們不會忘記「江東二喬」的。史籍中有關江東二喬的記載極少。陳壽的《三國志》云：

「孫策親自迎周瑜，授建威中郎將，即與兵二幹人，騎五十匹。瑜時年二十四，吳中皆呼周郎。以瑜恩信著於廬江，出備牛渚，後領春穀長。頃之，策欲起荊州，以瑜爲中護軍，領江夏太守，以攻皖，拔之。時得喬公二女，皆國色也。策自納大喬，瑜娶小喬。」裴松之注此傳：策從容戲瑜曰：「橋公二女雖流離，得吾二人作婿，亦足爲歡。」

東漢建安四年，孫策從袁紹那裏得到三千兵馬，回江東恢復祖業，在同窗好友周瑜的

扶持下，一舉攻克皖城。皖城東郊，溪流環繞，松竹掩映著一個村莊——喬公寓所，後人稱之爲喬公故宅。喬公有二女國色天香，又聰慧過人，遠近聞名。因遣人禮聘，得邀喬公允許，送入一對姊妹花。於是，便有了孫策納大喬、周瑜娶小喬的韻事。

在喬公故宅的後院有一口古井，水清且深。相傳二喬姐妹常在梳妝打扮，可謂「修眉細細寫春山，松竹簫佩環。」每次妝罷，她倆便將殘脂剩粉丟棄井中，長年累月，井水泛起了胭脂色，水味也作胭脂香了。於是，這井便有了「胭脂井」的雅稱。有詩曰：「喬公二女秀色鍾，秋水並蒂開芙蓉。」

民間還流傳著另一說法。二喬婚姻並非自願，孫策、周瑜逼婚時，兩位美女欲投井自盡，又念及老父，便坐在井旁，相對而泣，滴滴血淚落入井中，染紅了井水。正如「天柱老人」烏以風所云：「雙雙家女付王侯，傾國定伶漢鼎休，誰識深閨殘井水，至今似有淚痕流。」

從二喬方面來說，一對姐妹花，同時嫁給兩個天下英傑，一個是雄略過人、威震江東的孫郎，一個是風流倜儻、文武雙全的周郎，堪稱美滿姻緣了。郎才女貌，諧成伉儷，當然兩情相愜，恩愛纏綿。然而，二喬是否真的很幸福呢?

其實大喬的命是很苦的。孫策娶大喬的那年是二十歲，大喬是十八歲，可惜天妒良緣，兩年後正當曹操與袁紹大戰官渡，孫策正準備陰襲許昌以迎漢獻帝，從曹操手中接過

「挾天子以令諸侯」的權柄時，被許貢的家客所刺殺，死時年僅二十六歲。

大喬和孫策僅過了三年的夫妻生活。當時，大喬充其量二十出頭，青春守寡，身邊只有襁褓中的兒子孫紹，真是何其悽惶！從此以後，她只有朝朝啼痕，夜夜孤衾，含辛茹苦，撫育遺孤。歲月悠悠，紅顏暗消，一代佳人，竟不知何時凋零！

小喬的處境比姐姐好一些，她與周瑜琴瑟相諧，恩愛相處了十二年。周瑜容貌俊秀，精於音律，至今還流傳著「曲有誤，周郎顧」的民諺。小喬和周瑜情深恩愛，生活在一起，隨軍東征西戰，並參加過歷史上著名的赤壁之戰。戰後二年，「瑜還江陵，為行裝，而道於巴丘，病卒，時年三十六歲。」在這十二年中，周瑜作為東吳的統兵大將，江夏擊黃祖，赤壁破曹操，功勳赫赫，名揚天下；可惜年壽不永，在準備攻取益州時病死於巴丘，年僅三十六歲。這時，小喬也不過三十歲左右，乍失佳偶，其悲苦也可以想見。

美人命薄，二喬在如詩如畫的江南，過著寂寞生活。吳黃武二年，小喬病逝，終年四十七歲。明人曾有詩曰：「淒淒兩塚依城廓，一為周郎一小喬。」小喬墓有封無表，平地起墳，漢磚砌成。到一九一四年，岳陽小喬墓上還有墓廬。現在尚有刻著隸書「小橋墓廬」的石碑。

凡知道杜牧句：「東風不與周郎便，銅雀春深鎖二喬。」的人，應該是沒有不知道銅雀台的。那麼銅雀台究竟是何物？曹操既是志在天下的英雄，又奉行房中術以淫樂。他在

發出「對酒當歌，人生幾何」的感嘆同時，收羅「倡優在側，常日以達夕」，且修築銅雀台以收蓄天下美女。他招募方士研究房中術，並以大量宮女作試驗。

《臨漳志》載：「建安十五年，曹操於鄴城西北作銅雀台，高五十七丈，有堂百餘間，窗皆銅龍，日光照耀。上加銅雀，高一丈五尺，舒翼若飛。」金鳳台「在銅雀台南，建安十八年建，高八丈，有屋百九間，安金鳳於顛，本曰『金虎』，後避石虎諱，改爲鳳。」冰井臺「在銅雀台北，建安十九年建，有冰室，故曰冰井，高丈八，有屋一百四十間，井深十五丈，藏冰及石墨，可書，火燃難盡，亦謂石炭。」

銅雀台造好後，每房間裏有一個絕色的美女。曹操生前縱逸歡樂，在臨死時還遺令這些美女在每月初一、十五要在銅雀台上對著他的陵墓唱歌。不過，這些美女最終被他的兒子曹丕收納到自己的宮裏享用了。如今，銅雀台早已被歷史的風塵所湮沒，

二喬究竟有多美？《三國志》沒有寫，杜牧沒有寫，羅貫中也沒有寫，這種美實在太模糊了。可是，千百年來，這「模糊美」一直動人心魄。上海博物館藏清代吳之璠竹雕《二喬並讀圖筆筒》，王世襄《竹刻鑒賞》一書有照片及拓本，說刻的是「兩婦高髻，一持扇坐榻上，一坐杌子，手指幾上書卷，似在對語。榻上陳置古尊，插牡丹一枝，旁有籠、篋、墟、硯、水盂、印盒等文房用具。」筆筒背刻陽文七絕一首：「雀台賦好重江東，車載才人拜下風。更有金閨雙俊眼，齊稱子建是英雄。」

作爲豔名傾動一時的美女，江東二喬很自然地成了文學藝術的對象。古代女人美不美全靠歷代筆墨渲染而定，未必可靠。明代高啓的《過二喬宅》云：

「孫郎武略周郎智，相逢便結君臣義。奇姿聯璧煩江東，都與喬家作佳婿。喬公雖在流離中，門楣喜溢雙乘龍。大喬娉婷小喬媚，秋水並蒂開芙蓉。二喬雖嫁猶知節，日共詩書自怡悅。不學分香歌舞兒，銅台夜泣西陵月。」可惜曹操有生之年未能取江東，不然二喬或許就在銅雀台裏度過餘生了。

無奈的白痴皇帝

賈南風納寵殺子秘事

賈南風（二五六～三〇〇年），西晉的開國元勛賈充的三女，西晉晉惠帝的皇后。賈南風在皇后位置十年，其間因惠帝懦弱無能而得以專權，直至在政變中被廢殺。其專權引發八王之亂，對西晉和之後的歷史產生了深遠的影響。

東晉時的權臣賈充靠諂媚的伎倆，深得晉武帝寵幸。武帝的兒子太子司馬衷是個白癡，當時司馬衷已十二歲，到了擇偶的年齡，武帝欲為他選衛瓘女為妃。賈充妻郭槐暗地裏納賂宮人，托她們向楊皇后處說合，於是楊后勸武帝納賈女為太子妃。

武帝搖手說：「我意聘衛女，不願聘賈女。衛瓘家風好，衛女秀美聰慧，賈充妻善妒

成性，其女醜劣，身短面黑，優劣不同，怎麼可以捨長取短呢？」

楊后說：「我卻聽說賈女頗有才德，陛下不應固執成見，以致坐失佳婦。」

武帝半信半疑，後來在一次與諸臣宴會時論及太子婚事，荀勖極力吹捧賈女如何賢淑，荀瓘馮紞兩人也連聲稱讚賈女。說得那麼天花亂墜，武帝也不覺移情，卻不知這幾個人是賈充門下的走狗。

武帝又問：「賈充共有幾女？」

荀勖說：「賈充前妻生的二女已經出嫁，後妻生的二女，尚未字人。」

武帝又問：「這二女多大了？」

荀勖又說：「臣聽說他小女兒最美，年方十一，正好入配東宮。」

武帝說：「十一歲太小。」

荀瓘接口說：「賈氏第三女十四歲，相貌雖不及幼女，才德卻比幼女爲優，況且女子尚德不尚色，還請陛下斟酌！」

武帝說：「既如此說，不如就賈氏三女罷。」於是在酒宴間定下了這一門親事。

賈充妻叫做郭槐，性妒悍，賈充懼內，俗話說，懼內者多富，大致不差。郭槐所生的二女，大的那個叫賈南風，小的那個叫賈午。賈南風矮胖醜陋，賈午雖身材短小，但比賈南風還好些。到了司馬衷娶妃那一日，武帝懊悔不迭，不過一蠢一醜，可算是無獨有偶，

而且兩口兒十分合得來，郎有情女有意，真是天賜良緣啊！

賈南風心性妒忌，嬪御罕有進幸的。而且她極爲酷虐，曾親手殺死了好幾個受丈夫寵愛的宮女，如果哪個宮女懷了孕，她就以長矛戳其腹部，使這宮女和胎兒立即死亡。武帝聽說了十分憤慨，要廢去賈氏。楊后卻說：「賈充屢有大功於社稷，豈可以其女妒而忘之？」於是武帝才放棄了廢賈氏的念頭。

太熙元年，晉武帝死，太子司馬衷即位，是爲惠帝，立賈南風爲皇后，已故的武帝妃楊皇后尊爲太后。惠帝蠢頑如故，外事悉委太后父楊駿，內政全出賈南風，自己如同木偶一般。惠帝的外祖父楊駿專權，所有詔命，先給惠帝看，再告訴楊太后，其實不過擺擺樣子。

以前武帝活著的時候，侍中和嶠曾對武帝說：「太子朴誠，頗有古風，但末世多僞，質樸如太子，恐不能了陛下家事。」話還算委婉，其實司馬衷白癡有餘，質樸倒談不上。話傳入賈南風耳中，未免記恨在心。

惠帝即位後，有一次，賈后藏在屏風後，惠帝照著賈后教他的話問和嶠：「你常說我處理不了家事，現在怎麼樣？」

和嶠說：「臣以前曾對先帝有此言，如臣言無效，便是國家有幸了。」惠帝啞口無言。

賈后生性陰鷙，想干預外政，偏上有太后下有楊駿，不能任所欲為，因此積怨成仇。於是慫恿汝南王司馬亮入清君側，司馬亮轉告楚王司馬瑋。永平元年，司馬瑋入朝。賈后派人對惠帝謊稱楊駿謀反，惠帝哪裡知道什麼真假，降詔奪楊駿官。

楊駿得知內變，忙召眾官入商，主簿朱振說：「楚王瑋無故入朝，必有謀明公之心，此定是閹豎為后謀，不利於明公。為今之計，宜速燒雲龍門以脅之，索造事者首，引外營兵擁皇太子入宮取奸人，殿內震恐，必斬送之，不然無以免難。」

楊駿平日驕愎無比，此時卻狐疑不決，他囁嚅說：「雲龍門建造時工費巨大，怎麼可以遽然燒了？」

侍中傅祇見楊駿無能，便起座對楊駿說：「我入宮看看形勢。」又掉頭對群臣說：「宮中不可無人，徒然在此聚議，沒有什麼用處。」群臣起身皆走。只剩下尚書武茂還呆坐著，傅祇瞪眼看著武茂說：「公非朝廷大臣麼？今內外隔絕，不知天子所在，怎得安坐？」武茂才驚起，隨眾同出。大概這傅祇算得上天下第一聰明人了。可見楊駿已是眾叛親離。

賈后恐楊太后救父，派心腹密去監視，果然有楊太后寫的帛書，從宮中射出城外，上面寫著「有人救得楊太傅者千金，賞萬戶侯。」賈后便宣言說太后同楊駿謀反。不久，藏在馬廄中的楊駿被亂兵刺死，其手下連同家屬被殺超過三千人。

賈后將楊太后徙至永寧宮。她暗中唆使群臣糾彈太后。不久，詔書廢楊太后爲庶人，禁錮在金墉城中。賈南風心如蛇蠍，又唆動狐群狗黨，將楊太后的母親龐氏梟首宮門。臨刑，楊太后抱持號叫，並剪下自己的頭髮，上表賈后，自稱爲「妾」，乞求放其母龐氏一條生路。廢太后拚命哀求，賈后反加催促，刀光一閃，龐氏的頭掉了下來。

除掉楊駿後，朝臣推舉汝南王司馬亮和元老衛瓘共同輔政，賈后仍未完全掌權。司馬亮漸漸自用自專。賈后欲除司馬亮而後快，她自草密書，脅令惠帝照寫。然後把詔書交給楚王司馬瑋，密令他殺掉汝南王亮和衛瓘。

司馬瑋得惠帝手書後召入禁兵五百人，捉拿住司馬亮。司馬瑋下令軍中：「有人斬亮，賞布千匹！」亂兵一齊下手，有的割鼻，有的劈耳，有的砍手足，霎時間將司馬亮亂刃分屍。

誰知螳螂撲蟬，黃雀在後，賈后派人持幡對跟隨司馬瑋的兵士說：「楚王矯詔殺人，你們如何盲從？」話未說完，兵士都嚇跑了。

司馬瑋左右沒有一人，窘迫不知所爲，衛士立刻把司馬瑋拖落車下。又一道詔書頒下，說司馬瑋擅殺大臣，謀圖不軌，立即斬首，可憐司馬瑋死得糊塗。

從此賈后專權朝政，開始肆無忌憚地妄爲。廢太后楊氏幽居金墉城，尚有侍女十餘人，不久，那些侍女都爲賈后所殺，以致楊氏數日沒有一口飯吃，一代母后最後竟餓死了

事。真所謂養虎自噬。

惠帝好似一個傀儡，事事惟賈后所命。這一年發水災，四方饑饉，惠帝聽到這個消息，隨口說：「百姓沒有吃的，爲什麼不吃肉糜？」左右都掩口失笑。

惠帝曾遊華林園，聽到蝦蟆的叫聲，便問左右：「蝦蟆亂鳴，爲官呢？爲私呢？」左右又笑不可仰。有一人說：「在官地爲官，在私地爲私。」惠帝還一再點頭。

凡軍國重權，全在賈后一手遮天。甚且床笫間，也有人替惠帝效勞。惠帝卻全然不知，任憑賈后擇男寵侍寢。太醫令程據，頎長白晳，賈后借醫病爲名，一再召診，並要他值宿宮中，連宵侍奉。程據屈服賈后的淫威，不得已夜夜在繡枕上拼命。賈后令心腹侍女在洛陽街市招尋美少年入宮交歡，她爲了滿足性欲，和這些男子通姦，可是又怕走漏風聲，有損名譽，就將伴寢男子一一殺以滅口。

洛陽有一個盜尉部小吏，長得面目清秀，像女孩一樣，只因家境貧窮，一向襤褸垢穢。他失蹤了好幾天，又出現時，身上穿著宮錦製成的華麗衣服，有人問他衣服從哪裡來？小吏不肯說實話，大家都懷疑是他偷的。正好賈后有個遠親家裏被偷，遂懷疑這個小吏。小吏被抓起來，才招供說：

「不久前，我曾遇到一位老婦人，她對我說，她的家裏有個重病人，巫師占卜後說，要找一個家住城南的少年去沖邪，病才能痊癒。她說麻煩我跟她去一趟，事後必當重報。

我見她說得懇切，就隨她上了車。我剛上車，車上的帷幔就放了下來，還讓我坐到用竹篾編織的大箱子大約走了十幾里。過了六七個門檻，老婦人才打開箱子讓我出來。我抬頭一看，頓時驚呆了，只見亭台樓榭，雕梁畫棟，金壁輝煌。我問這是什麼地方。老婦人說在天上，隨後便讓我用香湯沐浴，並為我拿來好衣美食。

當我吃飽喝足了，也穿戴整齊了，老婦人就把我帶到一間富麗堂皇的屋子裏，那裏面坐著一位貴婦人，年約三十五六，身短且胖，面色青黑，眉有贅瘤，她約我同席共飲，同床共寢。臨別時贈此衵衣，並不讓我在外邊說，她說若我轉告外人必遭天譴。」

說至此，原告人不禁面紅耳赤，已都知道是賈后，盜尉告誡令小吏以後不得再說這件事，接著便一笑退堂了。大概賈后常以這種方法載男子入宮，不中意而死者甚多。獨此小吏，賈后因愛之而得全。於是洛陽城內都知道了此事。

賈后淫虐日甚，穢聞中外。每次惠帝臨朝，賈后必在珠簾後面坐著。賈氏子弟恃權借勢，賣爵鬻官，南陽人魯褒作《錢神論》譏諷時事：「錢字孔方，相親如兄，無德反尊，無勢偏熱，排金門，入紫闥，危可使安，死可使活，貴可使賤，生可使殺，無論何事，非錢不行。洛中朱衣，當塗人士，愛我家兄，皆無已已。」時人俱為傳誦。

關內侯索靖知天下將亂，過洛陽宮門的時候，指著銅駝，嘆息說：「銅駝銅駝，將見你在荊棘中了。」

太子司馬遹非賈后所生，每天與宮妾嬉嬲度日。賈后想廢去太子，就讓黃門李巳、閹宦劉才慫恿太子：「殿下富有天下，貴爲太子，誠可及壯時極意所爲，何故自爲拘束？」司馬遹於是慢傲益彰，他好繕壁修牆，在宮中建了一個買賣的市場，他每天在那裏賣肉爲樂，他以手估摸斤兩，竟能做到分毫不差。又賣米麵雞蛋等牟利，然而對錢又毫不吝惜。舍人杜錫常勸太子修德進善，太子反恨他多言，等杜錫入見時，先在椅子上插針數枚，杜錫一坐下便被針刺臀，血流滿了褲襠。從此無人敢諫，言路阻塞。

賈后的妹妹賈午生下一男嬰，賈后將男嬰弄入宮中，佯稱自己懷孕所生。她囑令內史，暴揚太子的惡行，以爲廢去太子作準備。元康九年內廷下密詔，說是皇上有病，令太子立即入朝。太子不知是計，到了宮中，有內侍出來引他暫憩別室。剛坐定，一個宮婢詐說聖上命賜酒三斤。太子酒量淺，飲了一半，已是醉意醺醺，便搖手說：「我不能再喝了。」

那宮婢瞋目呵斥：「天子賜殿下酒，殿下不肯飲盡，難道酒中有毒麼？」太子只好把餘酒一吸而盡，飲完後大醉。又一個宮婢持了一張紙，讓太子照寫一份。太子醉眼模糊，也不看是什麼字，依次照錄，字跡歪歪斜斜。寫完後酒尚未醒。

第二天，惠帝拿出那張紙，遍示群臣說：「太子不仁，其書如此，將欲弒朕，合當賜死。」百官接閱，紙上寫著：「陛下宜自了；不自了，吾當爲了之。中宮亦宜速自了；不

自了，吾當手了之。與謝妃共安，克期而發，掃除患害。」

大臣看完，彼此面面相覷，不發一言。殿後卻趨出內侍，奉賈后命，取了太子平日手書的十餘箋，令群臣對核筆跡。大臣皆依違兩可，聚訟不決。賈后看日影西斜，還是沒有結果，即令侍臣草表，免太子爲庶人。惠帝便依議拂袖退朝。廢太子遹爲庶人，遷往居金墉城。將太子母謝玖賜死。太子岳父王衍恐株連及禍，急忙表請離婚，有詔准議。於是太子妃王氏慟哭一場，與太子永訣。

第二年，賈后又囑使黃門自首，詭言與廢太子司馬遹謀逆。有詔命衛士押徙太子，往錮許昌宮。不久，賈后又派內侍去許昌毒死太子。那內侍徑持入毒藥，逼令太子吞下。太子不肯照服，托詞去廁所。內侍從袖子裏取出舂藥杵錐，從太子背後擊過去，太子中杵倒地，內侍用力猛捶，太子大聲哀呼，聲徹戶外，一聲慘號，氣絕而逝。

趙王司馬倫早有意除去賈后，只等賈后毒殺太子以使弒后有名。這時賈后一殺太子，趙王倫立即矯詔三部司馬及左右二衛入廢中宮。兵士突入宮中，賈后慌忙出視，正與齊王冏相遇，便驚問：「卿來此做什麼？」

齊王冏說：「有詔收后。」賈后說：「詔當從我發出，這是何處詔旨？」齊王冏不理會，派兵將賈后拘住，不久廢賈后爲庶人，遷往金墉城。賈后族人盡被屠戮。司馬倫殺得性起，晉宮內血流成河。

趙王倫遣尚書劉弘，齎毒酒至金墉城賜賈后死。賈后無可奈何，大罵趙王司馬倫逆賊，飲酒而死。一代悍后，至此而終。但晉室江山，已被她一半收拾了。趙王倫自專國政，總握兵權，不久廢惠帝自立。東晉的「八王之亂」達到最高潮，在兵亂中，惠帝被毒死，趙王倫死於兵禍。這時離西晉滅亡也不遠了。

短暫的輝煌

桑海帝國秘事

桑海帝國（Empire of Songhai），西非一古國，十五世紀至十六世紀最強盛，為薩赫勒地區最後一個黑人土著大帝國。七世紀時，桑海人在登迪建立小王國，先後臣屬於迦納和馬里帝國。十五世紀後期，索尼．阿里即位後，大力擴張國土，正式建立桑海帝國。桑海最盛時期，領土西至大西洋，北至摩洛哥南境。索尼．阿里死後，帝國陷入內亂，一五九〇年，摩洛哥派遣軍隊入侵，桑海帝國正式瓦解。

在黑色非洲大地的靜夜裏，一群孩子正聽著一位鬍子長得老長的老人說話：

「我們昨天講的那個可以隨心所欲支配財富的『貝寧國王』可不是最富有的，在它之前還有一個叫做『桑海帝國』的國王，才真正稱得上富有，國王有最上等的房子，最多的嬪妃，最多的馬匹，不過，最令人讚嘆的還是國王那一千個金光閃閃的銅製夜壺了，每個夜壺都有三個僕人看管……」

哈哈哈哈……我們當然是在編故事了，真實的桑海帝國不妨讓我們慢慢道來，帶著輕鬆的心情，我們一同看看吧。

沿著西非文明的母親河——尼日河往東，在距今馬里六區首府廷巴克圖不遠處，在乾涸了的提累姆西河的交匯處，便是昔日輝煌帝國桑海王朝的首都——加奥。

桑海帝國是繼馬里王國後興起的，它存在於西元十五到十六世紀，是當時西非最強盛的國家。其版圖包括今天的馬里、尼日、尼日利亞等國，也是一個不小的國家。

但在西元七世紀時，桑海帝國還是一個小國。

當時桑海帝國的領地還在尼日爾河布薩瀑布稍下的登迪地區，區域狹小，國勢較弱。這種情況一直至十一世紀遷都加奥才有所改觀。

但此時好運氣還沒有光顧桑海，在十四世紀初，桑海曾被馬里帝國征服，稱臣納貢，處於依附地位。

桑海擺脫馬里宗主地位，是在十五世紀初。從此桑海一發不可收，在攻下馬里最大的城市廷巴克圖後，使整個西非進入盛極一時的「桑海時期」。

桑海帝國的奠基人是當年被馬里帶去作人質的桑海王子阿里和塞爾馬兄弟。他們兄弟倆有著不平凡的經歷。

一三二五年，馬里軍隊攻佔加奧，桑海淪爲馬里屬國，但馬里王對桑海人始終放心不下，爲防日後生變，故於一三三五年將正處在青春年少的阿里和塞爾馬帶到馬里，當作人質嚴加看管起來。

這兄弟倆非常機靈，在馬里生活期間，表面上裝得十分順從，「此間樂，不思蜀」，一切都感到很滿足，整天樂哈哈的，絲毫看不出委屈受辱的情緒。他們還時常向馬里國王表示，願意爲馬里王朝肝腦塗地。而且，他們在馬里王朝的軍隊裏也表現得異常勇敢，屢立戰功。因此他們深受馬里國王的喜愛，馬里王常當著將軍和大臣的面表揚他們。

這樣一來，馬里的將軍和大臣們都不敢將他們另眼看待，並逐步放鬆了對他們的看管。

一三三七年，馬里歷史上最傑出的國王穆薩去世，國內發生混亂。阿里和塞爾馬乘機偷偷地逃回故鄉，並迅速地招攬了一批支持他們的桑海青年，組成一支強有力的隊伍。

在進行一定時期訓練後，阿里和塞爾馬號召他們爲光復祖國而戰鬥。

他們的軍隊勇敢而果毅，不到一年，就奪回了故都，趕走了侵略者，建立了索尼王朝，恢復了國家的獨立。

索尼王朝先由哥哥阿里做國王，弟弟塞爾馬後來繼任。他們不斷地向動亂不堪的馬里王國發動進攻，奪得了不少城市和地區。

連年戰爭，不僅使桑海取得了國家獨立和賴以存在的基礎，更主要的，則是動搖了馬里在西非的統治地位，爲桑海日後成爲西非霸主鋪平了道路。

一直到第三代君主索尼．阿里，打擊馬里、奪取西非霸主都是索尼王朝不變的國策。在一四六八年，索尼王朝終於攻下了馬里首都──廷巴克圖，消滅了馬里，成爲西非事實上的霸主。

一四九二年十一月，索尼．阿里領兵追擊莫西國軍隊，在橫渡一條山溪時淹死。消息傳出，桑海國內外一片騷亂。次年，桑海王國黑人大將穆罕默德．杜爾趁機發動軍事政變，從索尼．阿里之子巴羅手中奪得王位，自稱阿斯基亞．穆罕默德一世，開創了桑海歷史上的阿斯基亞王朝。

穆罕默德．杜爾執政的期間，實行了一系列改革，使桑海國進入了極盛時期。

政治上，他建立中央集權制。中央設置分管財政、航運、林業、漁業、宗教等一系列官職，分別由這些官吏管理全國這些方面的工作。這些官吏均由國王親自任免，並直接爲國王服務。全國劃分爲四個省，各省長官則從王親國戚中選派擔任。

經濟上，注意改造農業，搞水利基本建設，鼓勵採礦，擴大與外界貿易，統一度量

衡，完善稅收制度，創建發展生產，完善經濟的環境。穆罕默德曾發佈命令在尼日爾河上游開鑿運河，改造農業的生態環境和發展尼日爾河上游的運輸業；加大採掘鹽礦的措施；擴大黃金、象牙、鹽和奴隸等貿易，促進生產；統一度量衡，加快稅收制度改革，增強城市管理。

這些措施，對當時的經濟發展起了一定的作用。加奧、廷巴克圖、迭內等城市，人口不斷增多，紡織業等手工業發達，紡織品成爲外貿主要產品之一，廷巴克圖有廿六家擁有五十至一百個徒工的裁縫作坊。

軍事上，他用奴隸和戰俘組成的常備軍代替戰時徵兵制。這樣既使農民和手工業者不脫離生產，又能保證各地有國王駐軍。他依靠常備軍擴張領土：南面，將莫西人逐回上沃爾特盆地；西面，擊敗富爾人，佔領塞內加爾河的巴克爾地區；東面，征服了七分之五的豪薩城邦；北面，打敗圖阿累格人，佔據了艾爾高原的阿加德斯和撒哈拉沙漠的食鹽產地塔加札。使西起塞內加爾河上游，東到艾爾高原，南抵布薩瀑布，北達中央撒哈拉的遼闊地區成爲桑海王國的領地。

宗教方面，穆罕默德·杜爾以伊斯蘭教作爲國教，穆罕默德本人也以虔誠的穆斯林身分爭取廣大穆斯林的信任和支持。從一四九五到一四七九年間，他率領隨從去麥加朝聖，曾奉獻一千金第納爾作爲施捨，購買土地爲蘇丹朝聖者建一座宿舍，獲得麥加謝里夫所賜予的「蘇丹地區哈里發」的尊號。

文化方面，穆罕默德．杜爾重視文化教育，注重人才培養，不斷提高桑海國家的國民素質。一是辦學校，加強文化教育；二是廣招國外學者和藝術家，促進科學文化和藝術事業的發展。除日常聘請許多阿拉伯學者和藝術家外，同時注意收攬因戰禍逃亡在外的他國學者和專家，如一四九二年，格拉那達大陷落後從西班牙逃出的大批藝術家、思想家、醫生和科學家等，均被穆罕默德派人四處招徠，讓他們在桑戈爾大學任教，拓寬科學研究、教學內容。

當時的桑戈爾大學，除研究和開設《古蘭經》學科外，還開設法律、文學、歷史、地理、數學、天文等學科。並重價收購科學書籍，充實桑戈爾大學圖書館，培養了一批有成就的學者，如著名學者阿赫默德．巴巴，一生個人著述就有七百種。

當時的廷巴克圖是最大的文化中心，僅可蘭經學校就有一百八十多所，為保存和發揚阿拉伯文明作出了重大貢獻，為後來人們研究蘇丹歷史留下了寶貴的資料。

穆罕默德的上述改革措施，對穩定社會，促進經濟、文化發展，起過一定作用，但不能解決根本問題。自一五一七年起，先是尼日爾河東岸的凱比王康塔發動起義，接著，穆罕默德的三個兒子舉行反對父親的戰爭。一五二八年穆罕默德戰敗，被兒子剜眼，流放到尼日爾河的一個島上。從此，統治者內部又展開了無休止的爭奪王位的戰爭。

同室操戈，桑海帝國開始由盛轉衰。在隨後的半個世紀裏，連綿不斷的戰爭使帝國陷於土崩瓦解。一五九一年，北非的摩洛哥軍隊乘機南侵，短短幾個月就佔領了加奧和廷巴克圖，加速了桑海的衰亡。這時，西方殖民者已在西非沿海一帶加強掠奪，使桑海王國雪上加霜，從此一蹶不振。

到了十七世紀初，桑海王國便銷聲匿跡，不復存在了。

桑海變成了老人嘴裏的故事。一代代傳唱。

生前繁奢，死後不朽

馬雅國王的墓葬秘事

馬雅族（Maya）出現於西元前三一一三年，居住的領域包括中美洲的心臟地帶，橫跨墨西哥東南部、瓜地馬拉、宏都拉斯、薩爾瓦多和貝里斯等區域。在西元約七五〇年神祕地消失。馬雅人在天文學、數學、農業、藝術、文字等方面有相當高成就的文明。與印加帝國及阿茲特克帝國並列為美洲三大文明。十六世紀，西班牙人入侵中南美時，把馬雅文明全數燒毀，使很多記錄馬雅文明的珍貴書籍從此消失。

在馬雅西部地區帕倫克城有一個著名的碑銘神殿。一九五〇年，墨西哥考古學家魯茲．盧伊利埃在此考察，發現了著名的帕卡爾國王的墓葬以及他的綠玉面具。

當魯茲教授花了三年的準備時間，清理出一條通往墓穴的通道時，他也許沒有一絲如釋重負的感覺，因為墓道頂端那重厚重的大門之後，即將展現最激動和最神秘的國王墓室，但也可能一無所獲，空空如也。

碑銘神殿是一個巨大的建築，位於九層高的帕倫克金字塔神廟頂端，頂部神廟是長方形，正面有五個門，裏面的三面後牆上刻滿了象形文字。從碑銘神殿的頂部往下廿六米深處的地方，即是帕卡爾國王的墓室。

馬雅人通常都是用複雜的陵墓結構來埋藏他們的國王的，這座墓室即有一條精心設計的豎井通道從金字塔頂部直達墓室。墓室頂端即是上述那道沉睡了千年的厚重大門。

魯茲打開了這道門。搖曳的燈光下，令人震驚的景象出現了：一座國王的陵墓和他巨大的石棺橫陳眼前！整個石棺用一塊完整的巨石雕成，棺蓋上，刻著一幅極其精細完美的淺浮雕，顧不及欣賞其具體內容，魯茲教授的心思全放在那石棺中的主人身上了。

與世隔絕千年之後，石棺主人恐怕也感受到了魯茲教授因激動而發顫的氣息。

沒有想像中像木乃伊那樣的全身包裹，也沒有象徵地位的權杖或陪葬。石棺的主人全身枯乾破敗，什麼也沒有，除了一樣東西——一副綠玉做成的面具，那些小塊綠玉依各種曲度逐一拼湊黏連，雖然沒有平滑如鏡的精緻感，但卻顯得嚴肅而神秘，有一種說不出的凝練之氣。整個面具勾勒出大致的臉部輪廓，但又不像是要起什麼遮蓋或保護的作用，因

爲面具只蓋到頸部，那麼，對臉部的這種突出裝飾有什麼意義呢？

據說，在馬雅人的信仰中，玉石是生命的象徵，意味著「不朽」。馬雅人一直都有給死人戴上玉石面具的習慣。面具一般用玉石鑲嵌而成，並帶有明顯的肖像的輪廓，可能是按死者的相貌做成的。眼睛有時用珍珠貝和黑曜岩鑲嵌而成，並在黑曜岩的眼珠上畫上瞳孔。玉石面具在別的一些馬雅墓葬中也有發現。

在馬雅帝國，國王的喪葬要舉行特殊的儀式，國王在下葬前往往穿上最華麗的衣服，靈棺內部要擺滿各種各樣的金銀珠寶，還要有奴僕進行活人殉葬，以供來世驅使。一八七七年，美國探險家愛德華·湯普森在馬雅城邦之一的奇琴伊薩打撈了一口石井，他從井底臭氣熏天的淤泥裏，挖出了一件件的寶物，有玉石、金飾、花瓶和黑曜石等，伴隨著它們的，是一具具少女骸骨，也許這就是用來陪葬國王的人牲吧。

據新聞媒體報導，近來洪都拉斯和日本考古學家們在馬雅科潘城又發現了一位六世紀國王的陵墓。在墓裏發現了八個大的祭品箱，裏面有三十件陪葬玉器，此外，還有一些海貝殼和陶器；墓中還有兩件長約二十釐米的胸飾玉器，這樣大小的玉器，只有國王才能使用，是權力的象徵；國王陵墓附近埋著一個塗成紅色的兩歲小孩和一名婦女，兩人都是國王祭祀的犧牲品。

美國考古學家也在秘魯北部海岸的一座神秘的巨型金字塔內，發現了三座裝滿驚世寶

有某種說不出來的詭異感。
墓室裏發現了三具身長都在一點八米以上的「巨人」骨架，這三具充滿神秘感的巨大骨架藏的馬雅古墓。除了令人目不暇接的大量隨葬品，更讓考古學家們感到震驚的是，他們在

一位考古學家說：「我是一個考古學者，也是一個科學家，我不迷信，也從未相信過存在非人類的其他智慧生物，但我當時真真切切有種異樣的感覺，我覺得他們至少不是普通的人！」

三「巨人」中，有一個的墓室裝飾得比其他墓室豪華許多，陪葬的金銀珍寶比其他墓室也多，他的臉上罩著一個大銅碗、一張製作精美的銅面具和一張精美絕倫的金面罩，比馬雅國王死時常戴的綠玉面具特殊許多。據估計，這位主人應該是一位君主級別的人物。另外，陪葬品也可以看出墓主人的身分，如十八件狀似王冠的頭飾，如一位陪葬的年輕女子的骸骨。

在昔日馬雅帝國最大一個王都蒂卡爾的遺址上，有一處叫做「北衛城」的地方。這裏，到處樹立著國王陵墓的碑碣，國王們在生前過著繁華無比的生活，死後還想將之刻於石上，以紀念自己的偉大功績。

無論地上地下，馬雅國王們都不願孤單而去，他們一直想著的還是那曾經喧囂熱鬧的人間世吧。

馬雅民族與文明的起源，可追溯至冰河時期，從亞洲大陸跨海到美洲大陸的一群人。馬雅晚期（西元前三百年至前二五〇年），農業發展精進，生活水準提高，社會開始形成貴族階級，專事精緻文化之發展，如金字塔建築之興築、藝術、星象、曆法等。

馬雅金字塔最早是用於祭祀的宗教性神殿，後來則變成埋葬國王的墳墓。馬雅金字塔跟埃及金字塔不同的地方，在於馬雅金字塔呈現著大塔包小塔的特殊性質，在馬雅，後期的國王常常以以蓋好的金字塔當作基礎，再加以擴充和增建，因此，一座金字塔裡面包藏了三、四座小金字塔的情況十分普遍，形成馬雅特有的「千層派」的特徵。

二〇一〇年，一個來自美國洛杉磯的家庭到墨西哥馬雅古城旅遊，正給他們的兩個女兒在馬雅金字塔前照相的時候，照片顯示出一道光柱從金字塔中射出。許多網友將此一異象視作世界末日的信號。

安撫邊疆的妙計

漢元帝痛遣昭君出塞秘事

漢元帝（西元前七十六年至前三十三年），名劉奭，西漢第十一位皇帝。漢宣帝長子，生於民間。宣帝死後繼位，在位十六年。繼位的第二年（前四十八年）改年號為「初元」，在位時期「崇尚儒術」，多次出兵擊潰匈奴。建昭三年（西元前三十六年），漢將甘延壽、陳湯誅郅支單于於康居。至此，唯一反漢的匈奴單于被消滅了，漢匈百年大戰於此告一段落。

漢元帝竟寧元年春三月，匈奴呼韓邪單于自請入朝，奏詔被批准。呼韓邪便由塞外啓行，直抵長安，見到了元帝，行過胡邦最敬之禮以後，仍乞求元帝降公主以和親。

元帝也防邊疆多故，希圖暫時羈縻匈奴，省得勞民傷財，多動干戈，當下慨然允諾。等得呼韓邪退出，元帝回到後宮，卻又躊躇起來，他一個人暗想前代曾有和親故事，都是私取宗室子女，充作公主，出嫁單于。歷朝以來，從沒一次敗露。現在呼韓邪親自來長安，隨從人等耳目眾多，況且呼韓邪已經投降，迥非昔比，若仍照從前的辦法，必然露出破綻；但若以真的公主遣嫁蠻荒之地，於心不忍，元帝不禁愁眉不展。

當時馮昭儀在旁，她對問元帝說：「後宮宮人上萬，十之八九從未見過陛下一面。陛下平時要幸宮人，都是按圖索驥，看見圖畫上面哪個美貌，就選哪個前來侍寢。這樣揀取，就是陛下聖壽萬年，也幸不完許多宮人。如今，不妨選一個姿色平常的宮女即可。」

原來元帝即位後，嫌後宮女子年長色衰，就下令挑選天下美女入宮，並讓畫工為她們摹畫形貌，以便他每晚看圖擇其美者召幸。元帝便命人把後宮美人圖皆取至面前。元帝見了許多圖畫，哪有功夫細審，隨便選定了姿色較陋的一個，命有司代辦妝奩。

到了第二天，元帝特意在金鑾殿上，設席宴請呼韓邪。酒至半酣，便命可將公主召出，以便與呼韓邪單于同赴客邸完婚。只見一群宮女擁出一位美人，嫋嫋婷婷地輕移蓮步，走近御座之前辭行。

元帝不瞧猶可，瞧了一眼，直把他嚇得魂飛天外，魄散九霄起來。原來此人真是一位絕代佳人。但見她雲鬢擁翠，嬌如楊柳迎風；粉頰噴紅，豔似荷花映日；兩道黛眉，淺顰

微蹙，似乎有含著嗔怨的模樣，仿如空谷幽蘭，只令後宮粉黛失顏色。

元帝當下如丟了魂魄，忍不住輕輕地問道：「你叫什麼名字，何時入宮？」她柳腰輕折，緩啓珠喉，猶如嚦嚦鶯聲地奏道：「臣女王嬙，小字昭君，入宮已有三年了。」

元帝聽了吃驚地暗想：該女入宮有年，爲何並未見過？可惜如此美貌，反讓與外夷享受，本想把王嬙留下，另換一人賜與呼韓邪。回顧呼韓邪坐在殿上，只把一雙眼睛儘管望著王嬙，不肯轉動。

元帝又恐失信外夷，且被臣民謗以好色的訾議。沒辦法，只好鎮定心神，囑咐數語，閉著眼睛，將手一揮道：「這是朕負美人，你只好出塞去了！」

呼韓邪看見元帝恍惚的神情，還以爲骨肉遠別而難捨，慌忙出座，向元帝跪奏道：「臣蒙陛下聖恩，竟將彩鳳隨鴉，請陛下放心，臣定會對公主優禮相待，子子孫孫，臣服天朝，決不再有貳心。」

元帝聽呼韓邪這番說話，僅把他的頭連連點著，吩咐護送公主至客邸成婚，目送她起身出去，拂袖入宮。

心中怏怏地回宮後，元帝命將待詔宮女圖取來細看，王昭君的畫像十分中僅得形似兩三分，還是草草描成，毫無生氣。接著，又把已經召幸的宮人畫像一看，畫工精美，比本

人要勝過幾分，始知畫工作弊。便命有司將畫王嬙容貌的這個畫工緝拿審訊。有司將長安畫工一律傳訊，當場查出，此人是杜陵毛延壽，爲後宮畫像時索賄不成的，都故意把花容玉貌繪做泥塑木雕一般了無生氣的平庸女人。案既審定，毛延壽欺君不道，綁出斬首。

王嬙字昭君，是南郡秭歸人王穰的長女。王嬙入宮以後，照例須由畫工畫了容貌，呈上御覽，以備隨時召幸。延壽本著名畫家，寫生最肖。只是生性貪鄙，屢次向宮女索賄，宮女都希望入宮見寵，大都傾囊相贈，延壽就從筆底上添出丰韻，能使易醜爲西施、鄭旦的容顏。若沒有錢送他，便畫作嫫母、無鹽的醜陋相貌。只有王昭君家境貧寒，更自恃美冠群芳，既無力賄賂，又生性奇傲未肯遷就，因此毛延壽刻意毀損。因此，幾年過去了，她仍是個待詔的宮女。後宮佳麗如雲，毛延壽多年這樣作弊，竟沒有人察覺。此時昭君只得攜了她的琵琶，跟著呼韓邪淒涼地走向漫天黃沙的塞外去了。

朝廷派出的衛護組成的隊伍，浩浩蕩蕩地經過長安大街，沿途萬人空巷，爭睹昭君風采；眼看如此風華絕代的美人，離開繁華的帝京，前往荒涼的胡地，陪伴一個垂垂老矣的匈奴單于，無不爲之嗟嘆不已。從長安到匈奴，是一望無際的大漠。昭君想到元帝和她分別時候的形狀，心中十分淒苦，倘若不被畫工作弊，一定得蒙寵幸。像她這般花容月貌，如在元帝身邊，豈不是日夜笙歌？

她一邊走一邊暗自傷懷。塞外是個不毛之土，每年自春至冬，地上不生青草。王嬙一

個人自思自嘆，自怨自艾，百無聊賴，無可解愁，只有在馬上抱著琵琶，彈《出塞曲》，藉以消遣。滿腔幽怨，無限感傷，混合著濃重的鄉愁與一絲絲的憧憬，聲聲令人肝腸寸斷。誰知天邊飛過的大雁，見她如花美貌，聽了淒婉的琴聲，居然撲撲地掉落在地上。這個便是「沉魚落雁」中「落雁」的典故。

出了雁門關，黃塵滾滾，牛羊遍地，無邊青草直到天際。王嬙到了匈奴之後，呼韓邪倒也待她很好，號爲寧胡閼氏。然而胡笳悲鳴，飲腥食膻，使王昭君總是對故國充滿思念之情。逾歲生下一子，叫作伊屠牙斯。

後來呼韓邪病死，長子雕陶莫皋嗣位，號爲若鞮單于。那時王嬙尙是二十四歲的花樣年華，若鞮單于見昭君華色未衰，復占爲妻室。她在匈奴已有數年，故國規矩，略知一二。胡人的習俗，父死可以娶母，她在若鞮登基的那一天問他：

「你是胡人，我是漢女；你現在做了單于，我卻不知從胡還是從漢？」

若鞮道：「本國風俗如此，自然應從胡俗。」若鞮即封王嬙爲閼氏；一切待遇，倒也和去世單于一樣。

後來昭君復生二女，長女爲須卜居次，次女爲當於居次。又過十餘年，昭君病逝。葬在大黑河南岸，墓地至今尙在，入秋以後，塞外草色枯黃，惟王昭君墓上草色四季都是青色，故時人呼爲青塚。因她紅粉飄零，遠適異域，後人特爲製了一曲，譜入樂府，名叫

《昭君怨》。有人說是昭君出塞時在馬上自彈琵琶，編成此詞。

王昭君是我國古代著名的「四大美女」之一。她的事蹟，在《漢書》、《後漢書》等正史中都有記載。然而，在長達六十餘年漢匈和親期間，眾多擔負「和親」重任的漢宗室公主無一在歷史上留下任何痕跡；與之形成對照的，則是身分不如宗室公主尊貴的王昭君的事蹟卻均史有詳載，而且衍生許多新的故事。究其原因，是昭君的低微身分格外引起一般民眾的同情與關切，加上各種民間文藝、野史小說的流傳，文人墨客也便多對她進行描述、吟詠、讚嘆，使王昭君的事蹟廣為流傳。所以其離奇的遭遇，留給後世不少懸而未決的問題。

《漢書．匈奴傳》所載昭君和親事蹟尚屬簡單實錄，《後漢書．南匈奴傳》就已經增添了諸如「昭君字嫱，南郡人也。初，元帝時，以良家子選入掖庭。時，呼韓邪來朝，帝敕以宮女五人以賜之。昭君入宮數歲，不得見御，積悲怨，乃請掖庭令求行。呼韓邪臨辭大會，帝召五女以示之，昭君豐容靚飾，光明漢宮，顧景裴回，竦動左右。帝見大驚，意欲留之，然難於失信，遂與匈奴。生二子。及呼韓邪死，閼氏子代立，欲妻之，昭君上書求歸，成帝敕令從胡俗，遂復為後單于閼氏焉。」補充記載了昭君自動求行和元帝為昭君的美麗所動「意欲留之」等故事性情節。再至樂府詩人筆下，則出現了「圖畫失天真，容華坐誤人。君恩不可再，妾命在和親」；「漢道初全盛，朝廷足武臣。何須薄命妾，辛苦

遠和親」等所謂「昭君怨」、「昭君嘆」之類的歌詠之作。

除了《漢書》、《琴操》、《西京雜記》、《樂府古題要解》等典籍，對王昭君的事蹟有詳細的記載外，歷代詩人詞客爲王昭君寫的詩詞，就有五百零三首之多，另外還有不計其數的小說、戲劇等等。可見許多關於昭君的記述是逐漸增多的，其可信度不免會大打折扣。比如在葛洪的《京西雜記》中，就增加了畫工毛延壽因向昭君索賄不成，把昭君的畫像上點了一顆痣，當時宮女眾多，元帝選宮女只從畫工呈上的畫像上來識別美醜。

甚至關於昭君的名字也不能確定。一般認爲，王昭君，姓王名嬙，字昭君，在歷史上又被稱爲「明妃」，係西晉時，爲避司馬昭的諱，改稱「昭君」爲「明君」，後漸漸有「明妃」一說。但有人提出異議，認爲王昭君姓王，名、字不詳。根據西漢宮廷規矩，宮女從入宮之日起，即不呼其娘家名字，因而不詳其本來名氏字號，王昭君也不例外。《漢書．元帝紀》第一次提到「王檣」時，這「檣」字是載運她離開家鄉所用的舟楫的桅桿，即她是位船隻載運而來的王姓姑娘。後來《匈奴傳》又稱「王蟯」，都不是昭君的本名，只不過是一個記音義的符號。《後漢書．南匈奴傳》改爲「王嬙」，才使其名統一起來。「昭君」兩字爲封號，非官號，因出塞前夕必須提高她的政治地位，才能達到和親的目的，於是賜封爲「昭君」。久而久之，昭君、王嬙這些標誌她政治身分或出身特徵的稱呼，被當成她的名字。

另外，昭君出塞的原因，也有許多爭議。較爲普遍的看法是，昭君耿直清高，不肯賄賂畫工，於是畫工把她畫得很難看，自然引不起皇帝的注意和興趣。久之，漸生苦守掖庭之怨，恰巧匈奴前來求親聯姻，她便主動請求出塞和親。但後世有人考證，認爲毛延壽畫王昭君像的事不可信。還有一說認爲，王昭君是一個平民出身的不同凡俗、膽識過人的宮女，爲了擺脫宮廷牢籠的束縛，也爲了漢匈兩族世代團結友好，自願應召，作爲「和親使者」遠嫁匈奴。這恐怕有些特定時期意識形態對民間故事的曲解意味了。還是王安石說得好：「漢恩自淺胡恩深，人生樂在相知心。」至於昭君後來不從胡俗，服毒自盡，這都是民間附會，和漢人對貞操觀念的想像與苛刻要求有關，並非歷史事實。「可憐青冢已蕪沒，尚有哀弦留至今。」歷史上真實的昭君怎樣，或許只有無邊的青草知道了。

防微杜漸的祭品

漢武帝痛殺皇儲母親秘事

漢武帝劉徹（前一五六～前八十七），西漢皇帝，漢景帝之子，西元前一四〇年即位。其在位期間，曾得賢臣董仲舒及桑弘羊輔佐，頒行「推恩令」，打壓富商巨賈，倡農桑，興水利，並派張騫出使西域，國家一度呈興旺之態。後期迷戀仙道，祀神求仙，徭役漸重，農民起義不斷爆發。

趙鉤弋是河間人，相傳漢武帝北巡河間，看見空中有青紫色的霧氣，他詢問術士，術士說這地方必定有奇女子。於是武帝派人挨家查訪，果然有一個趙家少女，長得豔麗絕倫。但有一件怪事，她從出生時兩手就拳曲不開。有人告知武帝，武帝親自去驗看，果然

如此，於是命從人試圖解開趙鉤弋緊握的雙手，卻沒有一個人可以扳開。

待武帝親自去解，趙鉤弋那緊握的柔荑卻慢慢展開，手中握著一個碧綠的玉鉤。武帝大為驚異，於是將趙鉤弋載入後車，帶回宮中。當夜便召幸了趙鉤弋，老夫得了少妻，如魚得水，別有一番滋味。當即特地建了一間宮室，讓她居住，號為鉤弋宮。

封趙鉤弋為夫人，稱作鉤弋夫人。後代有藏鉤戲：一隻小鉤在眾人手中傳遞，雙方互猜小鉤所在，猜中者獲勝。唐代李商隱即有「隔座送鉤春酒暖，分曹射覆蠟燈紅」的句子。

一年後，鉤弋夫人懷孕，但十四個月後才生下一個男嬰，取名弗陵。鉤弋夫人進封為婕妤。武帝以前聽說上古時堯帝的母親慶都，懷孕十四個月才生下堯，與鉤弋夫人生子一樣。於是稱鉤弋宮的宮門為「堯母門」。野史上說，鉤弋夫人精通黃帝素女等古代床上術，可以使武帝返老還童。

西漢沿襲秦朝的宮廷制度，妾皆稱為夫人。一個嬪妃被尊稱為「堯母」，意味著剛出生的弗陵被武帝期望成堯帝，不知置衛皇后與太子劉據於何地？一些奸佞時刻揣摩聖意，他們認為武帝想要改立弗陵為太子，於是開始私自密謀嫁禍太子劉據，企望借此可以平步青雲。

漢武帝已年將七十，但好色之心不改。後宮美女上萬，再加上年老，不久身體垮了下

來。疾病纏身，耳目不靈，常產生幻覺。

一天中午，他在宮中睡覺，夢見有無數木人持杖打他，頓時嚇出一身冷汗。醒後尚覺心驚肉跳，魂不守舍。之後武帝與江充談到了這個夢，江充一口咬定是巫蠱作祟。武帝便令江充隨時查辦。江充借機誣詐，他往官民的住處，掘地找蠱，只要看見木偶，便不論出身貴賤，一律辦罪。

其實地中掘出的木偶，全是江充暗中預先埋下的，官民被陷害受戮的數萬人。後來誣陷到了太子劉據身上，太子忍無可忍，發兵收捕江充。事不成，太子劉據自縊而死。這就是歷史上的「巫蠱之禍」。

太子已死，面臨立儲問題，少子弗陵資質聰穎，與武帝相類，只是年齡還很幼小。鉤弋夫人又正值青春年少，將來兒子爲帝，鉤弋夫人必然會干政，恐怕又是一個呂后。武帝思來想去，只有先擇一個可靠的大臣，交付託孤的重任。朝中只有霍光與金日磾老成持重，可以託付大事。但金日磾是胡人，不能服眾，於是決定授意霍光。武帝畫了一幅周公負成王的圖像派黃門賜與霍光。於是左右群臣皆知武帝意欲立少子。

第二就是處置鉤弋夫人以絕後患。一天武帝在甘泉宮，藉事故意尋隙，厲聲責罵鉤弋夫人，鉤弋夫人嚇得臉色慘白，慌忙脫下簪珥，叩頭謝罪。誰知武帝竟掉轉臉，令左右侍女把她牽扯出去送入掖庭獄中。

鉤弋夫人入宮以後，從未經過這樣的委屈，此時好似晴天霹靂，出人意外，不由得珠淚盈眶，想要開口問個明白，只是喉中哽咽，連一句話都說不出，她頻頻回顧，希望得到武帝的垂憐。武帝見她愁眉淚眼，也很不捨，但爲了漢室基業，狠下心揚聲催促道：「快去、快去！你不能活了！」鉤弋夫人還想再說，已被侍女牽出，送交獄中。這天晚上被下詔賜死。

這天大風揚起漫天灰塵，聽到這件事的人都很傷感。後來武帝病死，弗陵即位，追封其母趙鉤弋爲皇太后。

武帝賜死鉤弋夫人時，曾問左右：「外人可有異議？」左右說：「外人認爲陛下即便立少子，也不應殺了他的母親。」武帝喟然嘆息說：「庸愚無識之輩，怎麼知道朕的想法？歷代國家變亂，多由主少母壯所致，女主獨居驕蹇，淫亂自恣，你們難道沒聽說過呂后的故事麼？」左右聽了，才知武帝的用意。都說「最毒婦人心」，其實還忘了一句「無毒不丈夫」。武帝建立的立子殺母制，被北魏所仿效，且一直延續了下去。

《搜神記》記載：「初，鉤弋夫人有罪，以譴死，既殯，屍不臭，而香聞十餘里。因葬雲陵，上哀悼之。又疑其非常人，乃發塚開視，棺空無屍，惟雙履存一云。昭帝即位，改葬之，棺空無屍，獨絲履存焉。」

另據（明）王世貞《豔異編》——趙鉤弋隨武帝至甘泉宮，她對武帝說：「妾相連此，應爲陛下生一男。年七歲，妾當死。今必死於此，不可得歸矣。願陛下自愛。宮中多巫蠱氣，必傷聖體，幸慎之。」說完就忽然死去了。殯葬後，屍體的香氣飄散十餘里，葬在雲陵。武帝極爲哀悼，懷疑趙鉤弋不是常人，於是打開棺木，棺中空空如也，只有衣履尚存。——在《豔異編》這裏，趙鉤弋之死屬於天意，而且死後屍解成仙。荒誕的傳說，多處於後人同情之想像。

據《史記索隱》：武帝思念趙鉤弋，在甘泉宮建了一座通靈台，常有一隻青鳥在臺上飛來飛去，直到漢宣帝時才停止。唐．張祜《鉤弋夫人詞》有「惆悵雲陵事不回，萬金重更築仙台。莫言天上無消息，猶是夫人作鳥來。」

《道藏》洞真部（有漢武帝外傳一卷），《漢武帝故事》（魏晉志怪小說）等都有關於趙鉤弋成仙的軼事。然而《漢書．外戚傳》卻說：「鉤弋婕妤從幸甘泉，有過見譴，以憂死，因葬雲陽。」趙鉤弋真實姓名已不可考，只留下一些近妖近仙的傳說，至於武帝初見趙鉤弋，雙手握玉鉤之事也不可盡信，或者是事先與那個望氣的術士串通，或者如柏楊先生所臆斷的趙鉤弋右臂癱瘓，但不管怎麼說，一雙手十多年伸不開，除非真是不食煙火的仙女，否則多少有些髒。

館陶長公主是景帝胞姊，生有一女，芳名叫阿嬌。長公主打算將女兒許配給太子，異日就是皇后。使人問栗姬的意思，她以為門當戶對，一說便成。誰知栗姬不願聯姻，竟然一口回絕。長公主索性帶同女兒一起入宮。長公主順手攜住劉徹，擁置膝上，就頂撫摩，戲言相問道：「兒願娶婦否？」徹生性聰明，對著長公主嬉笑無言。長公主故意指示宮女：「此等人為汝作婦，可合意否？」徹並皆搖首。至長公主指及己女道：「阿嬌可好麼？」徹獨笑著道：「若得阿嬌為婦，當以金屋貯之。」

後來，劉徹果然當了皇帝，立阿嬌為皇后，也實現了諾言。阿嬌嬌生慣養，開始有劉徹的寵愛，也相安無事。但後來，武帝身邊的女人漸漸多了起來，尤其是有了衛子夫之後，阿嬌終於失寵。後來，為了挽回漢武帝，阿嬌還用重金聘請司馬相如作了一篇《長門賦》，但是漢武帝雖然欣賞這篇賦，卻始終沒有回頭。

海洋的征服者

腓尼基王國秘事

腓尼基（Phoenicia），是古代地中海東岸的一個地區，其範圍接近今天的黎巴嫩。腓尼基人是閃米特人的一支，乃猶太人的近鄰。腓尼基人善於航海與經商，在全盛期曾控制了西地中海的貿易。他們創造的腓尼基字母是現今的希伯來字母、希臘字母、拉丁字母等的起源。

希臘神話中有一個歐蘿巴和金牛的愛情故事。故事說，公主歐蘿巴非常的美麗，一天歐蘿巴在草原上遊玩，宙斯出遊看到了歐蘿巴，一見傾心，被其美貌所打動，於是他把自己化身成一隻有金色牛角的公牛靠近公主。

公主看到這隻牛相當美麗且溫馴，便騎到牛背上去玩耍，誰知金牛等公主一上來便衝到海中，帶她到了克里特島。靠岸後，宙斯表明了身分及愛慕之意，終於獲得歐蘿巴的芳心。以後，金牛就變成了愛與美的化身。

也許，好事之徒會問：「這個歐蘿巴公主，是哪門子的公主呀？」

這就引出了我們今天的這個話題——腓尼基。

歐蘿巴公主正是著名的腓尼基海上王國的公主。

在上面的故事中，大海正是一個主要的元素。

說起腓尼基，歷史上關於腓尼基的記載真是少之又少，許多方面至今都是個謎。就說「腓尼基」這個詞吧，就得讓人搞上半天。

古希臘人稱現今黎巴嫩、以色列和敘利亞沿海地區居民為「腓尼基人」。舊約聖經中稱這個地區的居民為「迦南人」。無論是「腓尼基」，還是「迦南」，都和顏色有點關係，「腓尼基人」在希臘語中，就是「紫紅色的人」的意思，而「迦南」的意思也不外乎是「紫色之地」。

說到顏色，腓尼基人在這方面可是有一套。他們很擅長製作顏色，尤其是紫紅色。製作這種顏色，需要大海中一種叫做「骨螺」的生物，這種生物去掉殼後，從它柔軟的身體中提取出一種黃色的液體，這種液體加工之後，就可以變成紫色。據說，在製作這些紫色

液體時，整個腓尼基城市裏臭氣沖天，這樣的動作，煞是驚人。

大約在西元前三千年，腓尼基人就出現在了地中海一帶地區，他們陸續興建了一系列的城市，比如比布魯斯港和烏加里特港等。由於此地的地理位置優越，處於水運和陸運的重要樞紐，所以腓尼基人的主要城市不僅是地中海東部的主要港口，而且也發展成爲重要的貿易中心。後來，腓尼基人的航船更抵達了地中海世界的各個地區。

約西元前兩千年左右，腓尼基沿海已經出現一批城邦小國。除了前面提到的幾個重要城市，還有推羅、西頓、提爾、貝魯特斯等，這些城邦小國都從海上貿易中受益非淺。由於海岸線過於狹長，城市之間被分割的支離破碎，腓尼基無法發展成一個完整強大的帝國。我們所說的腓尼基王國其實就是指這些城邦小國的聯合體。

在腓尼基王國的初期，它的那些可憐的小城邦，相繼處於赫梯、埃及和邁錫尼王國的控制之下。到西元前一千年前後，腓尼基人才從那些外族的控制中脫穎而出。從西元前十世紀起，腓尼基各城邦已經開始向海外大批殖民，殖民地遍佈地中海沿岸各地，其中迦太基最強大。迦太基透過強勁的商業貿易和航海拓殖，尤其在海上貿易過程獲得大筆的利潤，逐漸成爲西地中海的商業強國。另外，各城邦還相繼在各地建立了許多貿易站，把生意經念到了西班牙、賽普勒斯、西西里島一帶。

西元前九到前七世紀的兩百年間，腓尼基各城邦多次參加敘利亞各國反對亞述的同

盟，但均以失敗而告終。西元前六世紀，腓尼基人又先後落於巴比倫和波斯人的統治之下。西元前三百三十年，馬其頓王亞歷山大大帝東征，小小的腓尼基自然難於倖免於難。此後，腓尼基人先後處於希臘人、羅馬人的長期統治下，西元前六十四年，腓尼基有了最後的「歸宿」，羅馬帝國「收留」了它，腓尼基幾千年來的獨立地位自此終結。

腓尼基被稱爲海上王國，自然有著精深的經商之道和航海技術，腓尼基的航海業很早就發展起來了。腓尼基人的商船用木槳或風帆推動，性能優越，他們的水手的航海技術也非常嫻熟高超，對於有關海路與風向的知識非常豐富。除了這些，腓尼基人還乘地利之便，在地中海東面的狹長海岸線上，建立了西頓和提爾等大城市作爲貿易的轉運中心，這樣可以使海上和陸上的物資以最快的速度周轉起來。

爲了拓展商貿業務，腓尼基人不斷進行著海上探險活動，可以說，腓尼基人是古代世界最優秀的航海家和探險家。腓尼基航海探險家們，曾帶領一支埃及探險隊在非洲海岸進行了三年之久的探險航行。腓尼基人還曾遠航到不列顛和愛爾蘭島。北非的腓尼基人還穿越撒哈拉大沙漠與西非貿易。

在航海貿易的過程當中，腓尼基人不斷周轉著香料、金屬、寶石、黎巴嫩杉、玻璃、葡萄酒、橄欖油、優質木材和紫紅染料……甚至奴隸。靠著和各地統治者的合作，腓尼基人取得了許多貿易方面的特權，使自己的貿易足跡遍佈歐洲、亞洲和非洲各地。

除了作生意，腓尼基人在文化建設方面，也貢獻不小，光說那個神奇的字母，就夠世人琢磨和讚賞上好半天了。腓尼基人發明由廿二個輔音字母組成的文字系統。這種文字直接影響古希臘字母，希臘人取得這套字母符號之後，羅馬人再轉借之，因此演變爲現代歐美的文字符號。

在東方，腓尼基字母對阿拉伯、印度、亞美尼亞等地字母文字的產生也有重大影響。腓尼基大致在西元前十五世紀就應用字母，而腓尼基城邦比布魯斯字母是最古的腓尼基字母，後來傳到地中海沿岸各地，再傳而成爲近代西方各種字母。比布魯斯（Byblos）是英文聖經（Bible）一詞的語源。

也許是腓尼基人見過世面吧，他們的手工藝人的技藝極爲細膩精湛，頗可玩味。除了「臭氣沖天」的顏色技術之外，腓尼基人製作了許多外銷的珠寶和餐具，「腓尼基象牙」也聞名各地。

還值得一提的是使用義齒的醫療技術。腓尼基人在西元前五至前四世紀，就已懂得拔下奴隸的牙齒，放在自己口中的缺牙空隙，再用金線把它固定好。

你說，他們是怎麼想出來的？

由於腓尼基地狹人稠，他們便向其在航線上建立的貿易據點殖民。地中海的西海岸，特別是西班牙和北非都遍佈他們的殖民地。許多現代城市，如馬賽，便是在腓尼基人的殖民地上建立起來的。這些殖民地中，有一些在日後的歷史裡發展壯大，其中較著名的就是後來與古羅馬發生過多次戰爭的迦太基。

腓尼基人最初使用蘇美人創製的楔形文字。後來為了提高效率，在西元前一千年左右，從迦南文發展出他們的文字，設計出了廿二個腓尼基字母。腓尼基字母犧牲了前人文字的華麗外形來換取更高的書寫效率。後來腓尼基字母傳入希臘和周邊地區，成為如今希伯來字母、希臘字母、拉丁字母等的起源。

對聲色與殺戮的貪戀

北齊後主荒政亡國秘事

北齊後主高緯（五五六至五七七年），字仁綱，南北朝時期北齊第五位皇帝。他即位時，腐朽的北齊政權已經搖搖欲墜，他仍然荒淫無道，導致北齊軍隊衰弱，政治腐敗。北周來攻，齊軍大敗，高緯慌忙將皇位傳於八歲的兒子高恆，然後帶著幼主高恆等十餘人準備投降南方的陳朝，但他們剛逃到青州就被周軍俘虜了，被北周封溫國公，不久因被誣陷謀反，後被賜死。終年廿一歲。

南北朝時，北齊建國十七年後，高緯即位，史稱北齊後主。高緯昏庸無度，寵信蕭長鸞、穆提婆等人。後宮佳麗如雲，樂人曹僧奴的兩個女兒被選入宮。大女兒因不善淫媚，

被高緯剝碎面皮，攆逐出宮。小女兒善彈琵琶，又能討得高緯歡心，未久冊為昭儀，極受寵幸。高緯給曹昭儀築隆基堂，雕欄畫棟，極盡綺麗。

皇后穆氏含酸吃醋，想設法除去曹昭儀，便誣陷曹昭儀有厭蠱術，高緯就將曹氏賜死。誰知不多久，高緯又寵幸一個董昭儀，再廣選美女，並封為夫人，恣情淫欲，通宵達旦。穆皇后更弄得沒法，每天只好與從婢馮小憐哭訴內心的不滿。

馮小憐貌美聰慧，精通樂器，且工歌舞，便替穆后想出一計，情願將身作誘餌，離間諸寵。穆后沒別的辦法，就答應了。

齊主高緯見馮小憐冰肌玉骨，豔明如玉，不由得神魂顛倒，一番雲雨後妙不可言。從此坐必同席，出必並馬，嘗自作無愁曲，譜入琵琶，與馮氏對談，嘈嘈切切，聲達宮外。時人號為無愁天子。

緯深幸得此馮美人，冊為淑妃，命處隆基堂。馮淑妃雖奉命遷入，但因為曹昭儀舊居，恐非吉兆，特令拆梁重建，並盡將地板更換，又費了許多金銀。齊主緯毫無異言，縱教馮小憐如何處置，一體依從，所有內外國政漸漸荒廢。

齊主緯極為昏聵，政權委託一群奸邪小人，甚至宮裏所養的狗、馬、鷹，都有和郡守一樣的名號，還得食祿。侍奉高緯的宮婢都獲封為郡君，宮女寶衣玉食者五百多人，一件裙子的花費價值萬匹布，一個鏡臺花費千兩黃金，衣服只穿一天便扔掉。大興土木，在晉

陽作十二院，西山造大佛，一夜間燃油萬盆，勞費數億計。還製作公母馬交合用的青廬，馬飼料十幾種之多，高緯「具牢饌而親觀之」。

在齊國，有錢就可做官，有錢就可以殺人無罪。高緯看戲過癮了，動輒賞賜巨萬。不久府庫積蓄匱乏，民不聊生，國內很多百姓都成了乞丐。齊主緯專在華林園旁，設立一個貧兒村，自穿襤褸的破衣服，向人行乞，以作爲笑樂。他仿造民間市場，自己一會兒裝賣主，一會兒裝買主，忙個不停；又仿建一些城池，讓衛士身穿黑衣模仿羌兵攻城，他用真正的弓箭在城上射殺「來犯」的「敵人」。

高緯與大臣們議事的時候，也常常讓馮小憐膩在懷裏或把她放在膝上，使議事的大臣常常羞得滿臉通紅，話說得語無倫次。據說馮小憐的玉體曲線玲瓏，凹凸有致，在冬天寒冷的季節裏，軟如一團棉花，暖似一團烈火；在夏天褥暑炙人的時候，則堅如玉琢，涼若冰塊。或抱、或枕、或撫擦、或親吻，無不婉轉承歡，是一個天生的尤物。「獨樂不如眾樂樂」，高緯認爲像馮小憐這樣可愛的人，只有他一個人來獨享她的美豔風情，未免暴殄天物，如能讓天下的男人都能欣賞到她的玉體豈不是美事。於是讓馮小憐裸體躺在朝堂上，以千金一視，讓大臣都來一覽秀色。「玉體橫陳」的典故即來源於此。

有人告發南陽王高綽的暴行：高綽在定州任上恣情淫暴，見一婦女抱小孩在路上走，上前奪掉婦人懷中小孩，丟在地上餵他養的波斯狗。婦女號哭，高綽大怒，縱狗咬婦人，

狗剛吃飽小孩，不去咬，他就把小孩身上的血塗抹於婦人身上，眾狗一撲而上，把婦人撕裂食盡。

兩位兄弟見面，高緯馬上就為高綽去掉枷鎖，詢問他在定州時有什麼事最開心。高綽說：「把蠍子和蛆混在一起觀看互相囓咬最開心。」高緯派人連夜搜尋蠍子，早晨時獲得兩三升蠍子，放進一個大浴盆，綁縛個人放進去，一同看那個人被螫得號叫翻轉。高緯大喜，埋怨高綽：「這麼好玩的事，為什麼不早派人告訴我知道。」

消息傳入周廷，北周武帝宇文邕親率六軍伐齊。共六萬兵馬，向長安日夕進發。

齊主高緯正與馮小憐在天池打獵，警報從早晨至中午已來了三次。高緯居然說：「只要小憐無恙，戰敗又有何妨！」齊國的右丞也斥責士兵道：「皇帝正遊獵為樂，邊境稍有戰爭，乃是常事，何必急急奏聞？」

到了晚上，平陽報稱失守，高緯也開始不安起來，未免吃驚，便想集將卒抵抗。馮小憐興致未盡，還要接著遊獵。於是又獵了好些時候，獲得幾頭野獸，方才盡興而回。

第二天高緯大集各軍，出拒周師。他打仗也不忘帶著愛妾，命丞相率前軍先進，自挈馮淑妃後行。嚴冬將屆，北周軍隊已經退回長安。齊主聽說周已退師，便攻打平陽，妄圖收復。

北齊兵為收復失地，抵禦外侮，個個奮勇爭先，挖掘地道，架設雲梯，晝夜猛撲。毀

去城堞與城牆，挖地道進入城下，城牆塌了十餘丈，將士們打算乘勢攻入，然而高緯卻敕令暫停進攻。原來他聽說晉州城西的石頭上，有聖人留下的痕跡，他打算與馮小憐一同去觀看。馮小憐畫眉刷鬢，抹粉搽脂，對鏡顧影自憐，好多時才姍姍來遲。然而那城牆缺口處，早已被周朝守兵用木為柵，堵塞得十分堅固。齊兵失去了大好時機，士氣十分低落。高緯又怕城中射下的弩矢傷及愛妾，便抽出本來就不多的攻城木具，拆了築造一座橋，他與馮小憐得以登橋遙視。不料橋不堅固，禁不起人來人往，嘩啦一聲坍了。

當時高緯與馮小憐正在危牆上面，差點做了水底鴛鴦。古代軍隊本來就視婦人從軍為不祥之兆，心理上已有必敗的暗示。

這時，周朝諸軍八萬人直趨平陽。齊兵士氣卻極為低落，均無鬥志。兩軍兵刃初交，高緯與馮小憐並騎觀戰。見周軍如潮水一般，齊左軍似乎難招架，向後倒退。馮小憐遽然變色道：「敗了！敗了！」穆提婆道：「皇帝快跑！」齊主緯便挈馮小憐往後就跑。

開府奚長諫阻說：「半進半退是用兵的常事，現在軍隊未曾傷損，陛下卻驟然返駕，恐怕陛下一動，人情散亂，軍旅不可復振！那才是不可挽救了！請陛下速西向鎮定各軍！」

高緯沉吟多時，武衛張常山來報齊主道：「軍已收訖，完整如故，圍城兵仍然不動，陛下即宜回至軍前！」高緯勒馬欲回，穆提婆拉著高緯的右肘道：「此言未可輕信。」此

時，馮小憐又在一旁作態，柳眉鎖翠，杏靨斂紅，一雙翦水秋瞳，幾乎要垂下淚來。弄得齊主倉皇失措，不由得揚鞭再走。齊軍失去皇帝，頓時大潰，死亡至萬餘人。

齊主高緯奔至洪洞，才停下來，馮小憐攬鏡照影，重勻脂粉，突聞後面又報追兵大至，便上馬再往北逃。其間高緯忽發奇想，讓太監化妝回晉陽取皇后衣飾，封馮小憐為左皇后，在逃跑途中讓小憐穿上皇后禮服，反覆觀瞧欣賞後接著奔逃。

兵敗如山倒的北齊軍隊一路狂奔數百里退回至晉陽，周軍長驅而趨晉陽，高緯打算棄城北奔突厥。大臣們一再諫阻，齊主不聽，夜開五龍門出走。

晉陽是北齊實際的政治和軍事中心。從史書上可以見到：北齊皇帝一次次從晉陽出發征討北周和北方的幾個游牧民族，又一次次在戰爭結束之後率軍返回晉陽。有一件事情很能說明晉陽對於北齊的重要性，就在先祖高洋自立前夕，領披甲將士八千人向東魏孝靜帝辭行。

望著高洋遠去的背景，曾經被高澄辱罵毆打卻無可奈何的孝靜帝哀嘆道：高洋看來不能相容於我，我真不知道會死在哪一天。年僅二十歲的高洋之所以如此的飛揚跋扈肆無忌憚，無非就是因為他牢牢掌握著難與爭鋒的晉陽這一軍事重鎮。然而高緯卻輕易放棄了前代數十年苦心經營的地方。

憤怒失望的北齊將士擁立安德王高延宗即位，高延宗將王府中的積藏與後宮美女賞

賜給將士們。勁騎四合，好似黑雲一般的北周軍隊包圍晉陽的第二天，平時狂放不羈行爲殘暴的高延宗此時也表現出了一個皇族應有的作爲，他素來肥壯，前如偃，後如伏，人常笑他臃腫無用，這時卻單獨開城搦戰，手執大槊，馳騁行陣，往來若飛，親冒矢雨身先士卒，領軍四萬出城迎戰北周軍隊。

就在北齊軍隊引軍敗退的時候，周武帝率領數千騎兵突破東門，在晉陽佛寺熊熊烈焰的映照下蜂擁而入。高延宗此時從東門殺回，內外夾擊，北周軍隊大亂，爭相從被人群堵塞的城門敗逃，戰死兩千餘人。周武帝身邊的衛士幾乎全部死散，兩名下屬，一個在前牽引馬頭，一個在後揮鞭抽打，費盡艱險才逃出晉陽。

大勝之後，北齊將士們欣喜若狂，湧入街坊之中暢飲歡慶，一時間，醉臥長街的將士比比皆是，致使高延宗亦爲之流淚。

不可一世的周武帝此時魂膽俱裂，準備撤軍。宇文忻勸阻道：「陛下得克晉州，乘勝至此，今僞主奔波，關東回應，自古至今，無此神速，昨日破城，將士輕敵，稍稍失利，何足介意！大丈夫當從死中求生，敗中取勝，今齊亡在邇，奈何棄此他去？」此前投降的北齊叛將段暢也極力陳說晉陽城中空虛，於是，周武帝勒馬而還，吹響號角集結大軍，在第二天清晨北齊守軍猝不及防之時，一舉從東門攻破晉陽。

高緯逃亡途中相隨的只有數十人。穆提婆開始還從行，走了數里，竟杳如黃鶴，不知去了哪裡。高緯逃到鄴城。爲迎接馮小憐，他鑿開城北大牆。齊臣斛律孝卿請高緯親自向守城將士問候，以鼓勵軍心，並爲高緯撰寫該說的話，勸皇帝在講話時應該慷慨流淚，以此感動士兵。高緯面對十數萬莊嚴肅穆、抱有哀兵必勝之心的將士，忽然忘了講話稿上的詞，於是自己先大笑起來。左右奸佞幸臣也跟著捧腹大笑。由此，軍心徹底瓦解。

鄴城也攻下後，周朝將軍尉遲勤等東追齊主。到青州後，高緯想跑到從前的敵國陳朝避難。寵臣高阿那肱想活捉他獻給周朝，騙他說周朝追軍還很遠。高緯得閒與馮小憐款款溫存一番。卻不料「周師掩至」，高緯嚇得肝膽俱裂，裝了一大袋金子繫於馬鞍，帶著后妃等十幾個人狂跑。

周軍在南鄧村將高緯與其姬妾擒獲。北齊五十州，一百六十二郡，三百三十萬戶人皆入於周。高緯在位，歷十二年，自高洋篡魏爲始，至此爲止，共廿八年。到了鄴城，周主也溫顏接見，暫留軍中。

周主封高緯爲溫國公，齊被俘的大臣多人，亦都授官封爵。高緯自幸得生，只是失去一個天生尤物，還未蒙賜還，不得不上前乞請，叩首哀求。周主微哂道：「朕視天下如脫屣，一婦人豈爲公惜！」遂仍將馮小憐還給高緯。高緯拜謝後挈妃自出。不久，周主召緯及高氏諸王公入宴，酒至半酣，令高緯起舞。緯毫無難色，乘著三分酒意，舞了一回。

這年冬天，有人誣告高緯謀反，周主將高緯父子及齊宗室諸王並皆賜死。高緯只有

二十二歲，史稱高緯爲齊後主。

高緯的母親胡氏年已四十，尙有冶容，恆母穆氏年僅二十，更爲嬌豔如玉。兩人流落無依靠，最後只好在長安市中，操起皮肉生涯，每天與紈褲少年遊狎。相傳胡氏有夏姬的床上本領，夏姬是春秋時人，有內視法。與人交歡時像處女一般，因此胡氏室無虛客。穆氏妖冶善媚，亦得狎客歡心。胡氏曾對穆氏說：「當皇后不如爲娼，更饒樂趣。」

馮小憐被周主賞與代王宇文達爲妾婢。宇文達本不好色，然而得了這個馮淑妃，竟被她迷住，非常愛寵。原來的代王妃李氏被馮小憐擠兌得差點活不下去。馮小憐曾彈琵琶，忽斷一弦，便隨口吟詩道：「雖蒙今日寵，猶憶昔時憐！欲知心斷絕，應看膠上弦。」後來宇文達被隋主楊堅所殺，楊堅又將馮氏賜與李詢。

李詢是代王達的妃子李氏的哥哥，當年代王達爲寵馮小憐冷落李氏。李詢母爲女報怨，令馮小憐改穿布裙，每日舂米、劈柴、燒飯、洗衣且多方謾罵。馮小憐不堪蹂躪，只好自殺。

《隋書》關於馮小憐有如下記載：

「齊後主有寵姬馮小憐，慧而有色，能彈琵琶，尤工歌舞。後主惑之，拜爲淑妃。選彩女數千，爲之羽從，一女之飾，動費千金。帝從禽於三堆，而周師大至，邊吏告急，相望於道。帝欲班師，小憐意不已，更請合圍。帝從之。由是遲留，而晉州遂陷。後與周師

相遇於晉州之下，坐小憐而失機者數矣，因而國滅。齊之士庶，至今咎之。」

幾代北齊帝王，皆凶淫荒唐，還帶著一些神經質，到後主高緯更是登峰造極。究其原因，或許是家族性格的遺傳，或許是後代生於安樂，不知創業的艱辛。其荒誕的程度幾乎類似於小說虛構。其實，紅顏禍水不過是後人在史書上爲那些昏君找的墊背，因爲，即使沒有馮小憐，北齊遇到那樣的皇帝也不會長久。從另一方面說，以高緯那樣不可思議的不羈的想像力，如果不生在帝王家，也不知有多好。

高緯被俘後，對周帝提出的要求，竟然是希望把馮小憐歸還給他，其對馮小憐竟痴愛如此。晚唐李商隱的《北齊》，曾諷詠高緯和寵妃馮小憐荒淫亡國的故事：

「一笑相傾國便亡，何勞荊棘始堪傷。小憐玉體橫陳夜，已報周師入晉陽。」

說明了後主在北周入侵時，仍然不理政事，沉溺溫柔鄉中。

風流國王

羅馬尼亞國王卡羅爾二世秘事

卡羅爾二世（Carol II，一八九三至一九五三），是羅馬尼亞國王。他是羅馬尼亞國王斐迪南一世與瑪麗王后所生的長子。他因婚姻問題而放棄繼承權，由自己的兒子邁克爾即位。一九三〇年，卡羅爾二世與羅馬尼亞國內的政治家發動政變，逼迫邁克爾退位，自己登基。但在一九四〇年，又被迫讓位給邁克爾。隨後開始了流亡生活，於一九五三年在葡萄牙逝世。

二十世紀上半葉的羅馬尼亞國王卡羅爾二世，也許是世界上最富有爭議和傳奇色彩的歐洲國王之一了。他為女人兩次放棄王位、從兒子手中繼承王位，以及攜一火車財寶逃離出國，每一件事都可以成爲藝術家們加以利用的故事題材。

如果說英國愛德華八世的「不愛江山愛美人」被傳爲愛情經典的話，那麼卡羅爾二世爲了女人兩次放棄王位，則更多地呈現出一齣鬧劇。

卡羅爾二世是第一個土生土長的羅馬尼亞國王，他的父親是德國王室血統，母親則是英國維多利亞女王的孫女。由於具有這樣顯赫的家世，羅馬尼亞人都希望卡羅爾能將羅馬尼亞建成一個現代的、民主的君主制國家。

在第一次世界大戰爆發時，羅馬尼亞王室和議會都搬遷到了羅東北部避難。當時在軍隊服役的卡羅爾，愛上了一位軍官的女兒茲茲·蘭波琳娜，並要與她結婚，家人竭力反對，並告知他，作爲王子和平民結婚，他將可能被剝奪王位繼承權。卡羅爾與茲茲·蘭波琳娜正處於熱戀，皇位對他來說似乎還很遙遠，而美女卻是真真切切地就在眼前，他選擇了蘭波琳娜。他倆私奔到俄羅斯並秘密結婚，還生下一子麥西亞。

羅馬尼亞王室絕不允許這樣的事情發生，卡羅爾很快就被強行遣送回國，羅馬尼亞法庭判決他與蘭波琳娜的婚姻無效，並判決他們的兒子麥西亞是私生子。

離開蘭波琳娜，卡羅爾似乎也並沒有感到多麼悲痛，事實上，就是羅馬尼亞不強行他回國，他也會離開蘭波琳娜的，結婚後的生活已不具有刺激性。回到自己的國家，卡羅爾很快將蘭波琳娜忘到腦後，王室成員早已爲他準備了一個門當戶對的婚姻。一九二一年，

卡羅爾和希臘公主海倫結了婚，當年他們就生下了王子邁克爾。

與希臘公主的蜜月沒持續多久，卡羅爾的心又被一名擁有絕代姿色的女人俘獲了。這個女人名叫埃琳娜·路派斯庫，是一位羅馬尼亞軍官的前妻。家人苦口婆心勸他不要再任性，他已不是小孩子了，但卡羅爾還是毅然和埃琳娜一起私奔到巴黎。他再一次爲了女人放棄了王位繼承的權利。

卡羅爾私奔到巴黎後，羅馬尼亞費迪南國王作爲懲罰，指定卡羅爾之子邁克爾爲王位繼承人，並立法廢除卡羅爾的王位繼承權。

一九二七年，費迪南去世後，年僅六歲的邁克爾當了國王。此後，羅馬尼亞國內越來越動盪，一些政客認爲請卡羅爾回來也許能平息各黨派和政治勢力間的互相傾軋。一九三〇年六月六日，卡羅爾回到了羅國首都布加勒斯特。兩天後，議會廢除了禁止卡羅爾成爲王位繼承人的禁令，卡羅爾正式從兒子邁克爾手中繼承王位。

卡羅爾在被請回祖國前，羅馬尼亞總理曾要求他回國後就結束與埃琳娜的不法婚姻關係，卡羅爾滿口答應。然而成爲國王後，他立即違背誓言，不僅將埃琳娜接回國，而且還迫使王后海倫傷心地離開了羅馬尼亞。

到一九四〇年，羅馬尼亞被迫將巴薩拉比亞和北布科維納割讓給前蘇聯，並被迫將北特蘭西瓦尼亞割讓給了奧地利。卡羅爾二世失去了國內大多數民眾的支持，於一九四〇年九月被迫將大部分權力移交給將軍安東尼斯庫。

卡羅爾覺得國內已待不下去了。一九四〇年九月七日，卡羅爾和埃琳娜乘坐一輛裝滿王室財物的特種列車駛離布加勒斯特。他們先在南美國家度過了幾年，最後定居在了葡萄牙。一九四九年，卡羅爾與埃琳娜在葡萄牙正式結婚，四年之後，卡羅爾死於心臟病發作，被安葬在一個葡萄牙王室教堂裏。埃琳娜享受著卡羅爾留下來的大筆財富，於一九七八年死亡。

二〇〇三年二月十四日，這位已故國王與他舊日情人的遺體在被放逐六十多年後，終於重返羅馬尼亞故土。他們的遺骸被埋葬在庫蒂亞·德亞吉斯的一座十六世紀的大教堂裏，該教堂曾是羅馬尼亞許多已故王室成員的最後安息之處。

但圍繞羅馬尼亞前王室的風波並沒有就此結束。儘管卡羅爾將當年攜往國外的一火車財寶全揮霍光了，前王室仍然在國內留下了大量的珍寶，羅馬尼亞廢除君主制後，所有這些珍寶全被民選政府沒收了。如今，前王室的後裔——包括卡羅爾與海倫的兒子邁克爾、與蘭波琳娜的私生子麥西亞以及麥西亞的兒子「保羅王子」等，都一起宣稱擁有對前王室財產的所有權。看來羅馬尼亞政府與前王室後裔之間的恩恩怨怨，不是僅將流亡國王的遺體接回國內就能輕鬆了結。

愛的信物

一對已被人遺忘數十年的古董級珍珠鑲鑽耳環，憑借其華麗的外表和傳奇的經歷日前再度引起了世人的關注。這對當年羅馬尼亞國王卡羅爾二世贈給情婦埃琳娜的珍珠耳環，在日前的拍賣會上，以一百六十萬英鎊的高價售出，引起高度的討論。這對精美絕倫的珍珠鑲鑽耳環，外觀呈水滴狀，長約一點三厘米，表面圓潤光滑，色調中隱約透露著玫瑰色和天藍色的光澤，並附有璀璨的花徑形鑽石掛鏈裝飾，高貴又不失嫵媚。根據專家鑒定，這對珍珠是屬於萬裏挑一的純天然珍珠。專家表示，這件拍賣品是他見過的最完美的飾品。

翩若驚鴻的洛神

曹丕兄弟為美色手足相殘秘事

曹丕（一八七年至二二六年），字子桓，謚文皇帝，一般稱魏文帝，三國時期曹魏的開國皇帝。他繼承父親的魏王封號與丞相的大權，最終迫使東漢的末代皇帝讓位，取而代之。除軍政以外，曹丕自幼好文學，於詩、賦、文學皆有成就，尤擅長於五言詩，與其父曹操、弟曹植，並稱「三曹」，今存《魏文帝集》二卷。另外，曹丕著有《典論》，當中的《論文》是中國文學史上第一部有系統的文學批評專論作品。

甄氏，漢末上蔡縣令甄逸之女，生於光和五年。她的母親張氏懷孕時夢見一個仙人，手執玉如意，立於其側；臨產的時候，看見仙人入房，以玉衣蓋體，不久生下甄氏。

甄氏三歲時喪父。相士劉良看了她的相之後說：「此女之貴，乃不可言。」

甄氏自小至大，性格靜好。八歲的時候，門外有馬戲，家中人及諸姊妹都上閣樓觀看，甄氏獨不行。姊妹都覺得奇怪，問她：「老幼競觀，你爲何不看？」

甄氏回答：「這豈是女子所宜看的？」

九歲學習讀書寫字，借長兄的筆硯使用。長兄說：「你當習女紅，何用讀書寫字。難道想欲作女博士麼？」

甄氏回答：「古之賢者，未有不學前世成敗，以爲己試。不知書，何由見之？」

時值天下紛擾，加上連年饑饉，百姓皆拋賣金銀珠玉寶物以換取食物。因爲甄氏家巨富，所以趁便宜收買儲藏許多。甄氏對母親說：「今世亂，何多買寶物？此取禍亂之端也。匹夫無罪，懷璧其罪。又兼左右皆饑乏，不如以穀賑給親族鄰里，廣爲恩惠也。」舉家皆稱其賢。

及笈後，甄氏嫁給袁紹之子袁熙。袁熙似乎不太懂得憐香惜玉，她生活苦悶，寫下閨怨一類的作品。《古詩源》中收錄了她所作的《塘上行》：

「浦生我池中，其葉何離離；果能行仁義，莫若妾自知。眾品鑠黃金，使君生別離；念君去我時，獨愁常苦悲。想見君顏色，感結傷脾；念君常苦悲，夜夜不能寐。莫以賢豪故，捐棄素所愛，莫以魚肉賤，捐棄蔥與薤；莫以麻枲賤，捐棄菅與蒯；出亦復愁苦，人

亦更苦愁。邊地多悲風，樹木何翁翁；從軍致獨樂，延年壽千秋。」

東漢獻帝七年，擁有冀、並、幽、青四州，而在官渡之戰中被曹操打得慘敗。戰亂之中，曹植在洛河神祠偶遇藏身於此的袁紹兒媳甄氏，驚其豔麗，贈白馬一匹助她逃返鄴城，甄洛亦回贈玉珮以酬解危之誼。

袁紹慚憤成疾，不久急愧而死，其子袁譚、袁尙爲爭權互相攻擊，兄弟鬩牆極大地消耗了袁軍的殘存的力量。曹操趁機猛攻黎陽，譚尙大敵當前合兵一處，但還是保守不住城池，逃到了鄴城。袁譚、袁尙勢不兩立，都想滅了對方而後快。袁譚兵力不如袁尙，反向曹操求救。鷸蚌相爭，漁翁得利，最終曹操借袁氏內訌，完全消滅了袁紹的勢力。

當時曹操的次子曹丕，年方十八，隨父從軍，城破後，當即躍馬徑直到袁氏府舍。曹丕提劍下馬，徑入後堂，只見一個中年婦人，坐在那裏獨自垂淚，膝下有一個少婦跪著嚶嚶哭泣。那中年婦人是袁紹的妻子劉氏，少婦是袁紹第二個兒子袁熙的妻子甄氏。袁熙已帶著他的殘兵敗將匆匆逃往遼西。甄氏滿臉淚水，脂粉模糊，卻似梨花帶雨，一種嬌羞情態，已是欲蓋彌彰，動人憐惜。

曹丕不由得動了心，他攬袖近前，替她拂拭淚痕，真是桃腮杏臉，美豔絕倫，有一種說不清的氣息。曹丕即自述姓名，叫她放心。

劉氏一聽是曹操的世子，忙令甄氏下拜斂衽。甄氏含羞施禮，偷覷曹丕面容，一位

翩翩少年，英姿瀟灑，儀表風流，不由得勾動芳心，含情脈脈地注視著曹丕。曹丕癡立多時，心思忽悠。忽然聽見外面人聲嘈雜，原來曹操進來了。

曹操問及袁氏家屬，曹丕便入內引出劉氏及甄氏。曹操見甄氏沉魚落雁的姿色，心裏也怦怦亂跳，便問劉氏：「家裏如何止留下你二人？」

劉氏道：「子婦等並皆遠出，惟次媳願侍妾身，所以尚留在此；現蒙世子曲意保全，實爲萬幸。」

曹操旁顧曹丕，見他兩目癡癡呆呆地盯住甄氏，知道曹丕暗裏動了情。

曹操亦對甄氏念念不忘。曹丕急切無奈之下對曹操說：「兒一生別無他求，只有此人在側，此生足矣！望父皇念兒雖壯年而無人相伴之分，予以成全！」

話已至此，曹操不好拒絕，便使人做媒，讓曹丕娶了袁熙妻甄氏爲婦，劉氏不敢不從，與甄氏商量，甄氏也無異言。當下擇取吉日成婚。待至洞房花燭夜，並蒂諧歡，柳絮隨風，輕狂乏力，曹丕枕席綢繆間種種銷魂自不必說。

甄氏梳的髮髻式樣一日一換，據說，她每天都見到一條口含赤珠的綠蛇，綠蛇以盤捲的姿態向她傳授髻的各種梳法，因此甄皇后的髮髻每日更新，稱爲靈蛇髻。一時宮女們人人仿效，她們的髮式隨甄氏的改變而改變。

曹操與曹丕爲消滅群雄而奔忙，只有曹植因爲年齡小而有餘閒。曹植天賦異稟，博聞強記，十歲能撰寫詩賦，他陪著這位多情而又美豔的少婦，消磨許多風晨雨夕與花前月下的辰光；耳鬢廝磨，了無嫌猜。曹植與甄妃的濃情蜜意，已經快速升到難捨難分的地步。當年齡比她小的曹植表現出天真無邪的情意時，不知不覺中使甄妃陶醉在虛無飄渺的快意之中，於是毫無顧忌地施展出母性的光輝與姐姐般的愛意。漸漸地，甄妃沉醉於曹植的才華之中，而曹植也予她無限的柔情蜜意。

曹丕與兩個弟弟曹植、曹彰，都是卞太后所生。曹丕素性猜忌，在他作魏王時，就將兩個弟弟遣往他們的封國。甄妃再嫁曹丕時，曹植暗中悲憤，不過被曹丕捷足先得。曹丕也因此對曹植耿耿於懷。

曹植以才情贏得了曹操的特別喜愛。建安十五年，曹操於鄴城建銅雀台，命諸子登臺為賦，曹植援筆立成，作名篇《銅雀台賦》，曹操大為高興並封其為平原侯，並勉勵說：「吾昔為頓丘令，正值二十初度，思當時所行，無愧於今。今汝已長成，可不勉哉！」寄望之殷切，溢於言表。但曹植性格狂放，飲酒不節，屢犯法紀，以致漸失父寵，在爭當太子的鬥爭中敗給了其兄曹丕。

曹操去世後，曹丕篡奪漢獻帝的皇位，命曹植出封臨淄。監國灌均陰承曹丕的意思，彈劾曹植使酒悖慢，於是曹丕徵曹植入朝，打算藉故處死，幸虧卞太后從中保護，曹植才得不死。但曹丕限令曹植七步成詩，詩必須以兄弟為題，且不准直說。曹植隨口詠道：

「煮豆燃豆萁，豆在釜中泣，本是同根生，相煎何太急？」

曹丕聽了此詩，心裏也感到若干慚愧，但餘恨終未消，貶曹植爲安鄉侯。

曹丕有許多內寵，其中最寵愛的是郭氏。郭氏不僅善媚，並且善謀，曹丕能夠被立爲太子，也是受益於閨閫。曹丕篡漢建魏，進郭氏爲貴嬪，本來想立她爲皇后，只因爲前邊還有甄妃，便拖延下來。曹丕對於甄妃和曹植錯綜複雜的關係難以釋懷，所以僅封她爲妃，甄妃始終未能得到母儀天下的皇后地位。

郭氏爲謀奪后位，多方讒間，曹丕聽信郭氏的話，將甄妃留置在鄴城。不久說她心懷怨望，平白地將她賜死。郭氏無子，獨甄妃有一子名曹叡。曹丕立郭氏爲皇后，將曹叡交與郭后撫養。

甄妃死後，一次曹植入朝到宮裏，曹丕將甄妃使用過的一個盤金鑲玉枕頭賜給他。曹植睹物思人，不免觸懷傷情。回來時經過洛水，夜宿舟中，恍惚之間，遙見甄妃凌波御風而來，並說出「我本有心相托」等語，曹植一驚而醒，方知是南柯一夢，遂就著蓬窗微弱的燈光寫下一篇《感甄賦》，借洛河中的水神宓妃作爲甄妃的化身，抒發蘊積以久的愛慕之意。賦中寫他經過洛水，遇見美麗的洛水之神宓妃，相互發生愛慕，終因神人道殊，不能結合，最後不得不悵悵而別。文中這樣描述甄妃的美貌：

「翩若驚鴻，婉若游龍，容耀秋菊，華茂春松，若輕雲之蔽月，似流頸秀項，皓質呈

露，芳澤無加，鉛華弗御。雲髻峨峨，修眉聯娟，丹唇外朗，皓齒內鮮，明眸善睞，靨輔承權，環姿豔逸，儀靜體閒，柔情綽態，媚於語言。」

曹叡與父親曹丕的做法一樣，專任異姓，冷落同宗。任城王曹彰，在曹丕黃初二年就已經暴亡；甄城王曹植這時還在世，他被徙居於浚儀，心裏時常怏怏不樂。曹丕死後，群臣本來想迎立當時為雍丘王的曹植為帝，因此曹睿即位後，對於他這位才華橫溢而又深得人心的叔叔，產生了莫大的戒心，一而再，再而三地徙封不已。後人有詩說：「君王不得為天子，半為當年賦洛神。」

魏主叡嗣位時，雖已追謚生母甄妃為文昭皇后，但對於甄夫人冤死的情形，並不知道。相傳甄夫人死時無人收殮，披髮覆面，用糠塞口。但這件事被曹植聽聞。太和四年，太皇太后卞氏病歿，曹植還都奔喪，乘間對曹叡述及甄夫人慘死情狀，曹叡疑信參半，私下詢問庶母李貴人，才知道曹植說的都是實情，不勝悲憤。於是命甄夫人的兄子甄象為太尉，持節赴鄴城改葬甄夫人，並且改封曹植為陳王。

曹植雖得增封，卻仍然不被信任。雖然他屢次上疏自薦，希冀能在政治上有所作為，但始終不受重用。明帝太和六年，曹植在抑鬱中「汲汲無歡」而病逝於淮陽。因其被封為陳王，謚號為思，故後世多稱其為陳思王。

曹叡得到曹植遺著，其中有那篇《感甄賦》，因牽涉到曹植與甄妃之間的一段錯綜

複雜的感情。行跡太過明顯，就改名爲《洛神賦》。曹叡到郭太后那裏詰問甄妃的死狀，郭太后忿然道：「先帝自賜彼死，與我何干？況你爲人子，何必追仇死父，爲前母逼死後母？」曹叡更加氣憤，從此，凡是郭太后的飲食服用，故意裁減，氣得郭太后有口難言，鬱鬱而死。曹叡令內侍棺殮，像當初郭后對甄妃一樣，只是表面上按禮儀治喪。

東晉畫家顧愷之的《洛神賦圖》是根據曹植的《洛神賦》畫的。畫中洛神乘車現於洛水之土，洛水之中大魚護送著車子。由於此賦的影響，加上人們感動於曹植與甄氏的戀愛悲劇，故老相傳，就把甄后認定成洛神了。

對於《洛神賦》一文的創作動機，前人歷來對此頗有不同看法。有人認爲曹植見甄妃的玉鏤金帶枕，哀傷感懷而作，初名《感甄賦》，由明帝改爲《洛神賦》，見於唐朝李善爲《文選》所作的注文。也有人認爲曹植與甄妃之事於史無證，胡克家在《文選考異》中認爲這是世傳小說《感甄記》與曹植身世的混淆，作品實是曹植「托詞宓妃，移寄心文帝」而作。也有人認爲「感甄」之說確有，如朱幹在《樂府正義》中指出，但所感者並非甄妃，而是曹植黃初三年的被貶地鄄城。直到現在，甄妃與曹植的情事依然是一個未解之謎。

晚唐李商隱感其事「颯颯東風細雨來，芙蓉塘外有輕雷。金蟾嚙鎖燒香入，玉虎牽絲汲井回。賈氏窺簾韓掾少，宓妃留枕魏王才。春心莫共花爭發，一寸相思一寸灰。」哀莫大於心死，千古悲情最終只是一段灰燼。

代表曹丕詩歌最高成就的《燕歌行》，據考寫於建安十二年曹操北征三郡烏桓期間，採用樂府體裁，以句句用韻的七言詩形式寫作，是現存最早最完整的七言詩。《燕歌行》從「思婦」的角度，反映了東漢末年戰亂流離的現狀，表達出被迫分離的男女內心的怨憤和惆悵。全詩用詞不加雕琢，音節婉約，情致流轉，被王夫之盛讚「傾情，傾度，傾色，傾聲，古今無兩」。

燕歌行（一）

秋風蕭瑟天氣涼，草木搖落露為霜，群燕辭歸雁南翔。
念君客遊思斷腸，慊慊思歸戀故鄉，君何淹留寄他方。
賤妾煢煢守空房，憂來思君不敢忘，不覺淚下沾衣裳。

援琴鳴弦發清商，短歌微吟不能長，明月皎皎照我床。
星漢西流夜未央，牽牛織女遙相望，爾獨何辜限河梁？

燕歌行（二）

別日何易會日難，山川悠遠路漫漫。
鬱陶思君未敢言，寄聲浮雲往不還。
涕零雨面毀容顏，誰能懷悠獨不歎？
展詩清歌聊自寬，樂往哀來摧肺肝。
耿耿伏枕不能眠，披衣出戶步東西，仰看星月觀雲間。
飛鶬晨鳴聲可憐，留連顧懷不能存。

閹官與美姬的苟合

孝文帝宮闈醜聞秘事

北魏孝文帝元宏（四六七年至四九九年），本姓「拓跋」，是北魏獻文帝拓跋弘的長子，北魏第七位皇帝，後改姓「元」，在位廿八年，享年三十三歲，他去世後，謚號孝文皇帝。

北魏孝文帝拓跋宏初即位時，由馮太后臨朝稱制。拓跋宏秉性孝謹，事無論大小，都先稟明太后。拓跋宏本後宮李夫人所生，由馮太后撫養成人。馮太后堅守子貴母死之制，除賜死儲君拓跋宏的親母李氏以外，甚至誅戮了李氏全族。拓跋宏終生都不知自己爲誰所生，但他自幼在馮太后身邊長大，視祖母如生母一般。

拓跋宏從懂事起，便在母權的威懾下如臨深淵如履薄冰地做著他的皇帝，而這皇帝更多意義上是名義上的。馮太后四十九歲時病死。拓跋宏哀痛異常，一連五天不吃飯也不睡覺。群臣極力勸諫，才喝了一碗粥。但據馮太后生前的所作所爲，拓跋宏的孝思實在讓人不理解。

馮太后活著的時候，因爲拓跋宏英敏過人，恐怕於自己大權獨攬不利，曾在嚴寒的冬季，將拓跋宏幽禁在空房子裏，三天不給飯吃，並一度打算把他廢去。多虧諸大臣反對激烈，才將他放出來。後來因權閹暗中讒構，使拓跋宏無故受杖刑，拓跋宏卻毫不介意。

此時喪期已過，拓跋宏還是整日像個婦女一樣哭泣不休，群臣都私下議論而略有不齒。司空穆亮進諫說：「天子以父爲天以地爲母，兒子悲哀過甚，父母必定不悅，今年冬天極寒，想必是陛下過哀所致，願陛下穿平常的衣服，吃平常的食物，以使天人和諧。」拓跋宏卻下詔辯駁說：「孝悌至行，無所不通。現在天氣反常，是因爲誠心不夠，你所說的話我不理解。」

馮太后想讓自己家族累世貴寵，特地選馮熙的兩個女兒充入掖廷。後宮的林氏，生了皇子拓跋恂，拓跋宏打算廢去子貴母死的故例，不讓林氏自盡，但馮太后不肯答應，迫令林氏自殺。馮熙的次女馮姍爲皇后，長女馮妙蓮爲昭儀。原因是馮妙蓮非馮熙的正妻所生，所以地位自然比妹妹低一等。

皇后馮姍頗有德操，昭儀馮妙蓮卻獨工姿媚，拓跋宏開始很尊重皇后，但論玉貌花容，馮姍卻比不上馮妙蓮。所以馮妙蓮獨得寵幸。拓跋宏除視朝聽政外，幾乎每時每刻都在馮妙蓮那裏。輕佻活潑的姐姐在爭寵中戰勝了性格厚重的妹妹。皇后如同寂寞長門，不免自嘆紅顏命薄。

馮妙蓮寵極專房，視妹妹馮姍如眼中釘，見了皇后也因輕視而不行妾禮。馮姍雖性情平和，但內心也十分愧恨。馮妙蓮每當與拓跋宏在枕席私談，說盡了皇后的種種不是壞處，譖構百端，拓跋宏怒上加怒，就把皇后廢了，貶入冷宮。後來馮姍乞請居瑤光寺爲尼，青燈孤影度過了餘生。

馮妙蓮讒謀得逞，正位皇后，本來是魚水諧歡的好時辰。可恨拓跋宏連年在外爭戰，顧不上回宮，馮妙蓮淒涼地空守孤幃。又一個叫高菩薩的閹宦，其實是冒名頂替而來，生理機能與常人無異，而且容貌頎皙，資性又聰明，還善解人意。馮妙蓮對他很加愛寵。高菩薩見馮妙蓮寂寞，便刻意挑逗，引起馮妙蓮的欲火，便讓他侍寢，權充一對假鴛鴦。誰知他發硎一試，久戰不疲，馮妙蓮久旱逢甘露，真是喜出望外。從此兩人朝歡暮樂，不知今夕何夕。高菩薩真是床第間的英雄，連番苦戰，愈戰愈勇，馮妙蓮像一朵花越摧殘越鮮豔，可謂是棋逢對手，將遇良才。好一個救苦救難的高菩薩！

但事情不久洩漏。拓跋宏的女兒彭城公主，嫁於劉昶的兒子爲妻。丈夫早亡，彭城公

主年紀輕輕就守了寡。馮太后要她改嫁太后的親弟馮夙，彭城公主十分不願，悄悄地挈婢僕十數人，乘輕車冒雨進見拓跋宏，說起皇后與高菩薩私通的事。拓跋宏聽了憂憤交集。

拓跋宏回到洛陽，拘捕高菩薩當面審問。高菩薩受刑不起，才據實招供，並說出馮妙蓮魘禳等事。原來馮妙蓮怕彭城公主揭發她的陰私，召親母常氏入宮，求她托女巫魘禳，使拓跋宏早死，以另立少主，她就可以學已故的馮太后臨朝稱制。拓跋宏氣得發昏，令將高菩薩械繫室外，召馮妙蓮問訊。

馮妙蓮一見拓跋宏就變了臉色。拓跋宏令宮女搜檢馮妙蓮的衣服，搜到了一柄小匕首。拓跋宏大怒，喝令將馮妙蓮立即斬首。馮妙蓮淚流滿面，叩頭無數。拓跋宏命她先坐在離他兩丈遠的東窗下，讓高菩薩先說。待高菩薩說完，拓跋宏冷笑：「你聽見了？將你的妖術說來聽聽。」馮妙蓮欲言不言，大約還想使些神秘手段打動拓跋宏。她乞求先屏去左右，然後密陳。拓跋宏使中宮侍女都出去，只留下長秋卿白整。馮妙蓮還不肯說，含著一雙盈盈的淚眼，注視著白整。拓跋宏讓白整用棉花塞住兩耳，馮妙蓮嗚咽著說了與高菩薩的不倫之事。拓跋宏難忍憤怒，直唾在馮妙蓮的臉上，然後暫時將馮妙蓮還送到皇后宮裏。

可能拓跋宏尚顧念舊情，不忍將馮妙蓮廢死，只誅殺了高菩薩了事。廢后的敕書遲遲不下。不久，拓跋宏得了大病，病骨支離，自知不起，召彭城王拓跋勰囑咐後事，最後

說：「後宮久乖陰德，自尋死路，我死後可賜她自盡，惟葬用后禮，亦可掩馮門大過。」接著，拉住彭城王的手，喘息良久，撒手而去，時年三十三歲。

太子拓跋恪繼位，按遺囑派侍臣持毒藥入宮，賜馮后死。馮妙蓮見了毒藥駭走悲號：「官家哪有此事，無非是諸王恨我！」內侍把她拉住，強迫喝下毒藥自盡。魏主拓跋恪遵照遺言，用后禮葬馮妙蓮，諡爲幽皇后。

北魏拓跋歷史顯得單薄，史料遺存少，可能是由於其自身的文化內涵不夠豐富的緣故。許多東西只能依靠僅有的資料推測。北魏幾代君主都靠母后護持才能得位。史載孝文帝拓跋宏雅好讀書，手不釋卷，遍覽經史，善談莊老，平時愛奇好士，禮賢任能。也曾告誡史官說：「直書時事，無諱國惡，人主威福自擅，若史復不書，尙復何懼！」宮室必待破得不能再破了才修理，身上的衣服不知洗了多少遍。只是寵幸馮妙蓮，以致釀成宮闈醜事。

但馮妙蓮深宮寂寞，紅杏出牆也可原諒。老子曰：「萬物負陰而背陽，沖氣以爲和。」只有男女相悅，陰陽互補，萬事萬物才達到一個完美的境界。將一個女子獨處深宮本來就是不人道的事。馮妙蓮事敗後，拓跋宏召彭城王等說：「此老嫗欲白刃插我肋上，可窮問本末，勿有所難。」（《北史》）把馮妙蓮稱作「老嫗」，我們可以仔細體會，這兩個可以將馮后說得一錢不值的字，其實有通過詆毀而得到嫉妒心理補償的作用，指向那

段使拓跋宏耿耿於懷的婚外情，有些吃不到葡萄說葡萄酸的味道。

高菩薩這樣一個宦官也能「人道」，原因不得而知，或者閹割得不徹底，或者設法使「陽具復起」，或者用其他東西代替。馮妙蓮屏去左右對拓跋宏耳語的那些話，大概是說高菩薩用牛角等玩意兒代替陽具，至於拓跋宏信不信，史書未說，也不好再得隴望蜀地猜測了。

孝文帝終其一生都沒有親自處死馮妙蓮，這或許與他仁慈的個性有關，但更多的是夫妻之間的感情在內，這種感情包含嫉妒與寬容，臨死留下處死馮妙蓮的遺詔也可以如此分析，惟有不捨的感情，才恐懼他死後，馮妙蓮會再與別的男人有染，若那樣，他死了也不瞑目。

男女之事本是很複雜的，最深的感情往往不是我們所想像的那樣璀璨絢爛，而是在那些齷齪、陰暗的角落才見到人性最真的一面。但即使孝文帝未留下殺馮妙蓮的遺詔，馮妙蓮也沒有好下場，彭城王、咸陽王等知道馮后已死的消息後，相視說：「若無遺詔，我兄弟亦當作計去之。豈可令失行婦人宰制天下，殺我輩也？」（《北史》）

北魏孝文帝因受到馮太后的影響，非常喜歡漢人文化，為了融合胡人、漢人文化，以便以後統一中國，進行了許多重大的改革：首先是遷都洛陽。北魏原本的首都在平城，北魏孝文帝認為平城缺糧、人口稀少、離南方太遠，想要向南進攻實在太遠，而洛陽經濟富厚，又有運河可以四通八達，理應遷都，但北魏孝文帝卻遭到群臣極大的反對，於是他只好以南征為藉口，率領軍隊、文武官員南下，到洛陽就停止，隔年正式定都洛陽，也展開了一連串的漢化運動。

他的漢化措施包括：一、禁胡服。二、斷北語（鮮卑話）。三、鼓勵漢胡之間通婚。四、改姓氏。凡帝室及功臣文武百官皆改為漢姓，如拓跋改為元。五、更定官制，制訂漢化官制。六、推廣文教，設各種學校，國子學、太學、四門小學，並徵求許多貴重散落的書籍來充實國家的圖書館，藉此提倡文教風氣。

革命的浪潮

沙皇尼古拉二世死亡秘事

尼古拉二世（Nicholas II，一八六八至一九一七年），生於俄國的聖彼得堡，是沙皇亞歷山大三世與皇后瑪利亞的長子。也是俄羅斯帝國的末代沙皇和皇帝。一九一四年，尼古拉二世帶領俄國加入第一次世界大戰，由於戰況不利、糧食困難等原因，激起人民的不滿，引發二月革命。一九一七年，俄國爆發十月革命，尼古拉二世家族遭到布爾什維克軍隊逮捕並囚禁。一九一八年，尼古拉二世家族包括和他們在一起的僕人近十人，被看管他們的秘密警察趕到地下室秘密處決。

一九一七年二月，彼得格勒再次爆發資產階級民主革命，在人民運動的強大壓力下，

尼古拉二世終於在三月十五日宣布退位，統治俄國三百年之久的羅曼諾夫專制王朝就此轟然崩潰。

三月二十日，資產階級臨時政府宣布：「確認退位國君尼古拉二世及其夫人已被剝奪自由，並將退位沙皇幽禁於皇村。」當晚沙皇就被押送到皇村，皇后亞歷山卓和四位公主及皇太子已先期被軟禁在那裏。

沙皇一家雖是囚徒，但仍過著安靜和舒適的皇家生活。在這非常時期，擺脫了權柄的控制，似乎「血腥沙皇」增加了幾分家庭溫情，也有時間與家人共用天倫之樂了。

沙皇的家庭成員由七人組成，家長爲尼古拉二世。似乎他對自己身分的急劇跌落並不動心，在皇村每天忙於掃雪、鋸木、劈柴，或是與兒子做遊戲。看押的士兵按規定對退位沙皇不再稱呼「陛下」，對他只稱「上校先生」，並根據這個軍銜給他敬禮。

有一次，雅雷尼奇中尉值班站崗，散步的尼古拉二世想與他握手，中尉拒絕，尼古拉二世不解，中尉回答：「我出身於人民。當人民向您伸手，您不理睬，現在我當然也不能同您握手。」沙皇啞口無言。

女主人是皇后亞歷山卓，這位被稱爲來自德國「黑森林的蒼蠅」的女人，是一個喜怒無常、好弄權術、迷信鬼神、生活放蕩的人，她對自己從皇后變成階下囚極爲不滿，整日暴跳如雷，咒罵革命者是「暴徒」，咒罵沙皇手下儘是「背叛者」，而且對稱她「羅曼諾

夫女公民」大為不滿。

四個公主分別叫瑪麗婭、塔尼亞娜、奧莉加和阿納斯塔西婭，其中大公主瑪麗婭經常陪同沙皇散步和鋸木頭。地位至尊的四位公主在失去自由後百無聊賴，以刺繡、打牌打發時光，後來，她們還學會為自己洗衣服和烤麵包。皇太子阿列克塞年僅十三歲，童年時患過血友病，身體一直弱不禁風。他很懶，不愛讀書，性格很像神經質的母親。

如何處置沙皇一家，一時難定。資產階級臨時政府準備送沙皇一家至摩爾曼斯克，再去丹麥。英國政府也準備派巡洋艦接走沙皇。因此尼古拉二世表面上神態自若，內心卻在焦急地等待被遣送或是出走甚至逃跑，以圖恢復自己的統治。散發在各地的保皇黨分子也念念不忘恢復俄國的君主專制制度。但後來在彼得格勒工人代表蘇維埃的壓力下，臨時政府被迫違心地決定將沙皇一家轉移到西伯利亞的博爾斯克。

一九一七年八月十四日清晨，沙皇一家前往博爾斯克前省長舒適的官邸，但是「房子、庭院、花園、臺階、教堂，這就是他們狹窄的小天地，關在金籠子裏比死亡更壞」。尼古拉二世一天天地數著日子，等待時勢的轉變，然而當科爾尼洛夫叛亂失敗的消息傳來後，皇后絕望地說：「眼見一線光明又一次熄滅了」。

羅曼諾夫家族在托博爾斯克度過了九個多月的囚禁生活，被轉移到烏拉爾的葉卡捷琳堡。這時，被蘇維埃政權遣返回國的捷克軍團，在途中與自衛分子發動大規模叛亂，葉卡

捷琳堡很快陷入叛軍包圍之中，危在旦夕，關押在城內的末代沙皇隨時都可能被救走。

在這緊急時刻，七月十六日晚十二時，革命士兵和武裝工人將沙皇全家七人及四名親信帶入地下室。這是一間空空的廳堂，只有幾盞馬燈照明，午夜剛過去，天空仍有一些光亮，馬燈似乎染上一層更深的藍色。長女奧爾佳坐在椅子邊上，用肩頭支撐著弟弟。突然，房門被打開，在蘇維埃代表率領下，幾個特工人員持著手槍出現在地下室。

這時，尼古拉二世試圖站起來，結結巴巴地問：「你們是誰？要幹什麼？」與此同時，蘇維埃代表高聲叫道：「你們的朋友是……你們都是兇手……」話音未落，一陣排槍向沙皇一家掃來。頃刻間，撕裂人心的喊叫聲和手槍聲混成一片。

奧爾佳撲到她弟弟面前。第一顆子彈擊中她的肩部，她打了一個轉。第二顆子彈射中她的胸膛，她倒在地上。其他人也隨即倒在她旁邊，扭曲著，呻吟著。最後一顆子彈擊中她的喉部，鮮血從嘴裏噴出，奧爾佳不動了，沙皇一家倒在血泊之中。他們的屍體經過焚燒之後，被扔進了一個廢棄的舊礦井之中……

尼古拉二世就這樣煙消雲散了，然而，卻爲我們留下了許多疑團：是誰下的槍殺令？營救行動爲何一次都沒有成功？尼古拉二世之女還生還於世嗎？

根據歷史記載，槍殺沙皇全家顯然事先未經法庭審判。當時，布爾什維克已與法國簽了約，允許沙皇離開俄國，以此獲得西方的好感。既然這樣，爲什麼要殺死他及他全家？

如此重大的處決究竟是誰下的令呢？

最爲流行的說法是：當時白軍士兵到葉卡捷琳堡城下，爲了防止尼古拉二世被他們奪走，最初計畫由莫斯科和烏拉爾州兩級審判機關對前沙皇及其妻子進行公審，但後因情況緊急，全俄中央主席團授權來莫斯科彙報的烏拉爾蘇維埃主席團委員戈洛謝金回去後立即組織審判。戈洛謝金七月十二日返回葉卡捷琳堡，烏拉爾州蘇維埃執行委員會當天開會，會上通過槍決沙皇的決定，四名主席團成員當即在判決書上簽字。同時，會議決定由尤羅夫斯基負責執行處決。

此種說法顯然是有漏洞的。蘇維埃主席團委員戈洛謝金接受了全俄中央主席團的組織審判的安排，但只是讓他回去組織審判，並沒有授權讓他執行槍決的重大權力。於是有人推測，像處決尼古拉二世這等大事，恐怕除了列寧沒有人能夠做出決定。然而列寧在十月革命後多次強調不要濫殺無辜，俄國的紅色恐怖是列寧死後才大規模展開的，當時他又怎麼會下令將沙皇幾個正處幼年的子女和無辜的僕人槍殺呢？

更爲奇怪的是，蘇維埃政府也沒有明確表明對沙皇的處理結果，這一事件一直被外界議論紛紛，直到一九九一年，他們的骨骼殘骸才被發現，骨骼人類學家認爲，這些骨骼殘骸有可能就是沙皇尼古拉二世一家人的。俄羅斯社會科學院ＤＮＡ小組於當年九月把這些遺骨送到英國，請科學家幫助鑒定。

英國內政部的科學家宣布：他們有百分之九十八點五的證據證明，一九九一年在俄羅斯東部埃卡捷林堡的一座墳墓裏發現的骨骼殘骸，就是俄國沙皇尼古拉二世和他妻子以及三個女兒的遺骨。英國政府法醫科學DNA小組組長彼特・吉爾在記者招待會上說，他們使用了兩種先進的技術，對取自這些遺骨的DNA和菲利浦親王血樣裏的DNA進行了分析和對比。菲利浦親王是英國女王伊莉莎白二世的丈夫，他的祖母是沙皇尼古拉二世妻子的妹妹，因此菲利浦親王被認爲是與沙皇家族有關的人。

最終他們發現沙皇妻子及其孩子的遺骨中含有的DNA與菲利浦親王血樣裏的DNA完全一致。這一發現使長達七十五年之久的關於沙皇一家死亡之謎的爭論有了結局。

至此，沙皇王室成員中還有兩人：即王位繼承人的兒子阿列克謝和小女兒的下落不明。有猜測說，他們可能躲過了被槍殺的厄運。但是事過不久，在歐洲的各大報紙上都刊登了這樣的消息：俄國公主阿納斯塔西婭奇蹟般地逃脫了布爾什維克的魔掌，已輾轉來到歐洲。

這個消息轟動一時，死人復活了。由於報導很詳細，令人不能不信。報導中說一位看押士兵受皇恩感召，在處決前夜將阿納斯塔西婭偷偷放走，在西歐，她見到了僑居丹麥的祖母、俄國皇太后瑪麗亞・費奧多羅夫娜，祖母承認了她的身分，報紙上還刊登了許多她本人及其與祖母合影的照片。現在許多西方學者仍持這個觀點。

但是蘇維埃政權及前蘇聯史學家在當時和後來都斷然否定有所謂俄國公主生還出逃的說法。理由是葉卡捷琳堡看守措施極爲嚴密，看守人員絕對忠誠於蘇維埃政權，阿納斯塔西婭是不可能逃走的。另外，自沙皇一家被處決後，在西方各國假稱俄國皇族後裔招搖撞騙的人數不勝數。幾十年來，在西方竟出現了三十多名不同國籍的女人自稱是阿納斯塔西婭，要求繼承羅曼諾夫家族的遺產和爵位。

沙皇尼古拉二世之女阿納斯塔西婭究竟是否生還於世？這或許是俄國歷史上最後一個未解之謎吧。

遺失的黃金

末代沙皇尼古拉二世下台後，據說沙皇國庫中的一千六百噸黃金，都被忠於他的白軍指揮官亞歷山大·高爾察克裝上火車，沉入了貝加爾湖湖底。由於貝加爾湖深達數百米，所以迄今還沒有任何人找到過一塊末代沙皇的黃金。然而最近，一艘俄羅斯小型潛艇在貝加爾湖底進行任務時，卻發現了一些疑似黃金的方塊物體。

根據俄羅斯當地傳說，在高爾察克被捕前，這些黃金就被他和白軍士兵裝上火車開往貝加爾湖，它們分裝在廿八列武裝押運列車車廂中，但誰也沒想到，隊伍剛剛出發不久，氣溫就從出發時的零下三十度陡然降到零下六十度。途中，由於列車燃料耗盡，高爾察克迫不得已下令改用雪橇拉著裝黃金的車廂在西伯利亞的雪地和冰面上前進。押運人馬在極度嚴寒中紛紛死去，並最終在行進到貝加爾湖上時全軍覆沒。一千六百噸黃金便連同火車車廂一起墜入了數百米深的貝加爾湖，沉入了黑暗的湖底。如今小型潛艇找到的若真的是當年遺失的末代沙皇黃金，那麼這些黃金現在的價值至少高達七百多億美元。

一生功業的評價

英國國王綽號秘事

在英國的歷代君主中，許多人都有一個褒貶不一的綽號，既反映了他一生的功業品格，也反映了人們對他的看法和評價。

九七五年至九七八年在位的愛德華國王，被人們譽爲「殉難者」。他自幼聰穎好學，很得人心。九七五年，在他十五歲時，父王愛德格去世，他迅速繼承了王位。由於他富有才華，又得到先王老臣、著名的坎特伯雷大主教鄧斯坦的輔佐，政績不斷顯現，王位也一天比一天鞏固。

愛德華有一個同父異母的兄弟艾爾特雷德，與其母居住在多塞特郡的科夫堡。九七八年的一天，愛德華打獵來到這個地方，出於禮節，他率人前去看望繼母和弟弟。他的繼母愛爾弗利達在門口熱情地把他迎接進去，設筵接風。飲酒之中，愛德華忽然大叫一聲，背上鮮血直流，他遭了繼母的毒手。他立即離席騎馬逃跑，但因傷勢過重，沒走出幾里時就死於馬上。

愛德華的出眾才華和年輕生命的猝結，得到了人們的同情和尊敬，稱他是「殉難者」國王。

愛德華被害後，艾爾特雷德繼承了王位，是爲艾爾特雷德二世。艾爾特雷德昏聵無能，在他統治的二十幾年中，弄得民不聊生，怨聲載道，國勢漸弱。北方剽悍的丹麥人乘勢不斷騷擾英國的沿海地區，進行強盜性的搶劫，甚至深入內地姦淫燒殺。沿海人民雖然多次自發抵抗，但卻得不到英王的支持，相反，艾爾特雷德卻一味採取屈膝求和的政策，企圖以金錢來換取丹麥人的停止侵犯，向敵人交納「丹麥金」。丹麥王雖然暫時退兵，但卻留下了許多丹麥人在英格蘭定居，包括他的妹妹。

一〇〇二年，艾爾特雷德又下令殘酷屠殺丹麥移民，不論男女老少，一律格殺勿論，從而導致丹麥人的再度入侵。

到一〇一三年，丹麥王征服了整個英格蘭，英王則逃亡諾曼第，全英格蘭人民則遭到

了蹂躪。他的愚蠢行爲和政策受到人們的嘲諷和咒罵，故被稱爲「愚鈍者」。

西元十一世紀中期，英格蘭被法國諾曼第公爵威廉征服，開始了英國歷史上第一位諾曼人建立的王朝。威廉身體強壯，善騎射，意志堅強，雄心勃勃。從十五歲時在公爵領地執政起，即已不斷以武力擴大其統治的地盤，更是早覬覦著英格蘭的王位。一〇五一年，他到英格蘭拜見他的表舅——英王愛德華，然後就聲稱愛德華答應將來由他繼承英格蘭王位，大造奪取王位的輿論準備。

一〇六六年一月五日，「懺悔者」愛德華逝世，臨終之前，他違背了他對威廉的諾言，向賢人會議提議選舉高德文之子，亦即愛德華的妻弟哈樂德繼任爲英國國王。威廉發誓要從哈樂德的手中把王位奪過來，開始打造海船，收集戰馬，製造兵器，準備糧草，集合隊伍來到英吉利海峽，準備向英格蘭開戰。

九月廿七日，威廉引兵渡海，翌日登陸，攻佔佩文西和赫斯廷斯鎮作橋頭堡。十月十三日，同前來迎戰的哈樂德展開了一場決戰，哈樂德國王被箭射中了眼睛，隨即倒身下馬，英軍潰敗。接著，威廉一路廝殺，包抄倫敦，當威廉來到倫敦城下時，大主教們、伯爵們和長老們乖乖地獻上了城門鑰匙，倫敦和英國大部分都屬於威廉的了。

一〇六六年耶誕節，威廉莊重地穿過倫敦的大街，走進由「懺悔者」愛德華建造的西敏寺大教堂，舉行了加冕禮，史稱威廉一世。當了國王以後，他封了許多諾曼人爲高官，並將法語作爲宮廷的官方語言，延續了三百年。

爲了防範和震懾英國人，他命令男爵們在領地上建起堅固的城堡。但是，英國人並非甘願臣服於外國人的統治之下，許多地方都不斷有起義和反叛活動。威廉一世怒不可遏，帶領他的武士們各處征討，他把叛亂地區的房子燒光，家畜殺光，糧食搶光，殘酷之極，無辜的幼兒、老人因饑餓而死。約克郡和杜蘭姆的大部分被毀成一片焦土。叛亂稍有平息，他又率兵入侵蘇格蘭和威爾斯，並在那裏建立了特殊的居民點。

他最終以武力奪取並鞏固了在蘇格蘭的王位。可以說，他的後半生就是在征服中度過的，因此，人們形象地稱他爲「征服者威廉」。

英王愛德華是埃塞烈德二世之子。他由於丹麥人的入侵而長期飄流在法國的諾曼第公國，直到一〇四一年才回到倫敦。當時英國處於混亂狀態，惟有一個深孚眾望的君主才能穩定局勢，於是操縱一切的高德文伯爵看中了愛德華，愛德華是阿爾弗雷德大帝的後代，當然是名聲在外。於第二年，他登上了王位。

登上王位後，他在英國又毫無根基，因此對政治也很少插手，他曾試圖親政，但沒有成功。國政大權被諾曼第僧侶、貴族所控制，愛德華只不過是他們手中的一個傀儡。於是他索性也就不管朝政，而愛德華從小在諾曼第進修道院，是一個虔誠的宗教徒，在回國時，從諾曼第帶回了一大批諾曼第貴族和僧侶。於是在政治失意的時候，他對宗教更加依

賴和信奉，終日沉浸在宗教生活之中。於是他被人們稱爲「懺悔者」。後來愛德華被封爲聖徒，一直作爲英格蘭的保護聖徒，直到英法百年戰爭之後才被聖喬治所取代。

十二世紀建立金雀王朝的亨利二世死後，並沒有指定繼承人，王位自然地傳給了排在繼承序列之首的理查。理查是亨利二世與埃莉諾的第三個孩子。他的青少年時代基本上都跟母后生活，她的宮廷以吟風弄月和緋聞韻事聞名整個歐洲，然而成長於此的理查身上卻少有脂粉氣。他身材魁梧，臂力驚人，格鬥是其終身嗜好，有時甚至不穿盔甲即衝鋒陷陣。當時的英格蘭人視之爲勇猛的百獸之王，鮮有敢捋其鋒者，故稱其爲「獅心王」。

然而，「獅心王」顯然比獅子還要兇惡，獅子傷人是有數的，而他生靈荼炭不計其數。他在統治期間，窮兵黷武，長期征戰，一直想征服宗教聖地耶路撒冷。法王腓力二世亦在一旁推波助瀾，搖旗吶喊。一一九〇年起，理查同法王腓力二世參加第三次十字軍東征，他實際上是這次東征的組織者和領導者。在戰鬥中，他始終出現在最危險的地方，抗擊最強悍的敵人，而他又一直同敵酋撒拉丁談判。

談判最後破裂了，理查在盛怒之下殘酷地屠殺了作爲和平保證的兩千名人質。東征軍經西西里列巴勒斯坦的阿克城，然後進攻耶路撒冷。東征軍所到之處，一路燒殺搶掠，在阿克城中一次就屠殺兩萬多無辜的伊斯蘭教徒。

一一九九年，英王理查一世去世，立其弟傑佛瑞的兒子亞瑟爲繼承人。亨利二世的幼

子約翰馬上從封地回到英國。妄圖奪取王位，但很快被鎮壓下去，發送回封地。後來約翰以極其卑鄙的手段暗殺了亞瑟，奪取了王位。

約翰雖然有文化修養，司法清明，並使國庫充盈，但由於他爲人狡詐多疑，性喜報復，給英格蘭國家和人民帶來了巨大的災難，是英國歷史上最負眾望的君主之一。約翰繼位後，仇恨政敵亞瑟的支持者法國國王腓力二世，想伺機收復英國在法國境內的領地。於是，英法兩國又重啓戰爭。

一二〇二年，腓力宣布沒收約翰在法國的領地，並出軍進入諾曼第，包圍了阿爾克，並向圖爾進軍。開始時，約翰王曾一度獲勝，故不把局勢放在眼裏，每天在宮中恣意作樂，無動於衷。但慢慢地形勢對他不利，腓力連續攻陷了盧昂、曼恩、圖賴納等一個又一個的城鎮地區。諾曼第的大部分都已進入腓力的手中。人們開始戲稱約翰爲「失地王約翰」。

後來約翰王舉行會議妄圖奪回在法國的領土，但貴族們並不支持他，除了雇傭兵以外，沒有人幫助他去打仗。這樣，約翰就成了名符其實的「失地王」。

一五五三至一五五八年，在這短短的五年中，是瑪麗在位期間。瑪麗的父親亨利八世在世時曾立下遺囑，立其子愛德華爲皇位繼承人，若愛德華去世，王位則由瑪麗繼承。愛德華在位六年病逝，臨終前改變了亨利八世的原囑，決定由諾森伯蘭公爵的兒媳、亨利八

世的外孫女格蕾夫人繼承王位。

愛德華去世後，在格雷夫人襲承王位的同時，瑪麗宣布自己才是惟一合法的繼承人，準備奪取王位。由於當時英國的許多人認爲格蕾夫人繼承王位是非法的，因此，瑪麗很快就取得勝利，進入倫敦，格蕾夫人及其丈夫和隨從一律囚禁在倫敦塔。

瑪麗篤信天主教，繼位後，便強迫人民也必須信仰天主教。她廢止了愛德華六世的各項法令，恢復舊禮儀制度，與羅馬教廷和解復交。爲此，她還嫁給了神聖羅馬帝國皇帝查理五世之子，比她小十一歲的天主教徒——腓力普二世。

此舉激起了全國人民的極力反對，一五五四年，還爆發了由懷特領導的新教徒叛亂。瑪麗則號召成千上萬的公民爲她戰鬥，煽起宗教仇恨，並最終把新教徒叛亂鎮壓了下去，處死了懷亞特，並把許多宗教改革家關進監牢。由於他們拒絕改變自己的信仰，瑪麗則對他們施以火刑，把他們拖到城裏當眾焚燒，在五年中，有三百多名新教徒慘遭殺害。由於她的心狠手辣，瑪麗被人們稱爲「殘忍的女王」，或稱「血腥的瑪麗」。

風流不知亡國恨

陳後主淫狎亡國秘事

陳後主，陳叔寶（五五三年至六〇四年），字元秀，南北朝時期陳朝的末代皇帝，在位七年。陳叔寶是陳宣帝長子。他雖然身為太子，但是其皇位卻來得十分不易。陳宣帝的次子、陳叔寶的弟弟陳叔陵一直有篡位之心，謀劃刺殺陳叔寶。宣帝去世，叔寶在宣帝靈柩前大哭，叔陵趁機用磨好的刀砍擊叔寶，擊中頸部，但沒有造成致命傷害，叔寶在左右的護衛下逃出，最後叔陵被殺，叔寶即皇帝位，就是陳朝末代皇帝——陳後主。

陳朝自武帝開國，綱紀粗備，天下漸安，江南之地號稱富庶。後主陳叔寶「生於深宮之中，長於婦人之手」，即位之後耽於詩酒，專喜聲色。後宮有個一美人，名叫張麗華，

本兵家之女，父兄以織席爲業。後主爲太子時，被選入宮，撥爲東宮侍婢。當時後主的龔、孔二妃，花容月貌，皆稱絕色，並承寵愛，而孔妃更勝一籌。後主曾對孔妃說：「古稱王昭君、西施長得美麗，以我來看，愛妃你比她們美。」

張麗華入宮，年才十歲，爲孔妃的侍女。有一天，被後主偶然遇見，後主大驚，端視良久，對孔妃說：「此國色也。卿何藏此佳麗，而不令我見？」

孔妃說：「妾謂殿下此時見之，猶嫌其早。」

後主問何故，她說：「她年紀尚幼，恐微葩嫩蕊，不足以受殿下採折。」

後主微笑，心裏雖很憐愛，只是因爲她年小幼弱，不忍強與交歡。因此作小詞，以金花箋書寫後送給張麗華。

麗華年雖幼小，但天性聰明，吹彈歌舞，一見便會，詩詞歌賦，寓目即曉。隨著年齡的增長，越發出落得輕盈婀娜，舉止嫻雅，姿容豔麗。每一回眸，光彩照映左右。後主雖未曾臨幸，卻常把她抱置膝上，撫摩她的身體。此時麗華芳心已動，雲情而意，盈盈欲露，引得後主益發動情。叔寶即欲染指淫狎，張麗華半推半就，惹得這位陳叔寶魂魄顛倒。

一天夜裏，風景融和，明亮的月光如水一般，借著酒意，後主挽麗華同寢。麗華初承雨露，嬌啼宛轉，不勝羞澀。從此後兩情膠漆，號稱專房。

不久宣帝崩，後主正式即位，冊張麗華為貴妃。當初叔陵作逆時，後主脖頸被砍受傷，臥承香殿中養病，屏去諸姬，獨留張貴妃隨侍。後主病癒，對張麗華更加愛幸。自武帝開國以來，內廷陳設很簡樸。後主嫌其居處簡陋，不能作為藏嬌之金屋，於是在臨光殿的前面，起臨春、結綺、望仙三閣。閣高數十丈，袤延數十間，窮土木之奇，極人工之巧。窗牖牆壁欄檻，都是以沉檀木做的，以金玉珠翠裝飾。門口垂著珍珠簾，裏面設有寶床寶帳。服玩珍奇，器物瑰麗，皆近古未有。閣下積石為山，引水為池，植以奇樹名花。每當微風吹過，香聞數十里。

後主自居臨春閣，張貴妃居結綺閣，龔、孔二貴嬪居望仙閣，其中有複道連接。又有王、李二美人，張、薛二淑媛，袁昭儀、何捷妤、江修容等七人，都以才色見幸，輪流召幸，得遊其上。麗華曾於閣上梳妝，有時臨軒獨坐，有時倚欄遙望，看見的人都以為仙子臨凡，在縹緲的天上，令人可望不可即。

張麗華也確是藝貌雙佳，她髮長七尺，黑亮如漆，光可鑒人。並且臉若朝霞，膚如白雪，目似秋水，眉比遠山，顧盼之間光彩奪目，照映左右。更難得的是，張麗華還很聰明，能言善辯，鑒貌辨色，記憶特別好。當時百官的啓奏，都由宦官蔡脫兒、李善度兩人初步處理後再送進來，有時連蔡、李兩人都忘記了內容，張麗華卻能逐條裁答，無一遺漏。起初只執掌內事，後來開始干預外政。

陳叔寶寵愛貴妃張麗華，「耽荒爲長夜之飲，嬖寵同豔妻之孽」，到了國家大事也「置張貴妃於膝上共決之」的地步。後宮家屬犯法，只要向張麗華乞求，無不代爲洗刷。王公大臣如不聽從內旨，也只由張麗華一句話，便即疏斥。因此江東小朝廷不知有陳叔寶，但知有張麗華。

陳叔寶熱衷於詩文，因此在他周圍聚集了一批文人騷客，以官拜尚書令的「好學，能屬文，於七言、五言尤善」的江總爲首。他們這些朝廷命官，不理政治，天天與陳叔寶一起飲酒作詩聽曲。陳叔寶還將十幾個才色兼備、通翰墨會詩歌的宮女名爲「女學士」。才有餘而色不及的，命爲「女校書」，供筆墨之職。每次宴會，妃嬪群集，諸妃嬪及女學士、狎客雜坐聯吟，互相贈答，飛觴醉月，大多是靡靡的曼詞豔語。文思遲緩者則被罰酒，最後選那些寫詩寫得特別豔麗的，譜上新曲子，令聰慧的宮女們學習新聲，按歌度曲。歌曲有《玉樹後庭花》、《臨春樂》等。流傳最廣的有「壁戶夜夜滿，瓊樹朝朝新」十字。

陳後主做的《玉樹後庭花》如下：

「麗宇芳林對高閣，新裝豔質本傾城；映戶凝嬌乍不進，出帷含態笑相迎。妖姬臉似花含露，玉樹流光照後庭；花開花落不長久，落紅滿地歸寂中！」「玉樹後庭花，花開不復久」成爲有名的亡國之音。君臣酣歌，連夕達旦，並以此爲常。所有軍國政事，皆置不問。

內外大臣專迎合爲事。尙書顧總博學多文，尤工五言七言詩，溺於浮靡。後主對他很寵信，遊宴時總會叫上他。顧總好作豔詩。好事者抄傳諷玩，爭相效尤。

山陰人孔範容止溫雅，文章贍麗。後主不喜歡聽別人說他的過失，孔範在這方面善於爲後主飾非，因此後主對他寵遇優渥，言聽計從。

孔範曾對後主說：「外間諸將，起自行伍，統不過一匹夫敵，若望他有深見遠慮，怎能及此？」從此帶兵的將帥微有過失，就奪他們的兵權，刀筆之吏反而得勢，邊備因此越加鬆弛。

此時文武解體，士庶離心，覆亡即不遠了。當時朝廷有狎客十人，以顧總爲首，孔範次之。君臣生活窮奢極欲，國力卻逐漸衰弱下來。

消息傳入長安，正值隋文帝開皇年間。隋文帝本有削平四海之志，於是隋之群臣，爭勸文帝伐陳。文帝下詔數後主二十大罪，散寫詔書三十萬紙，遍諭江外。有人勸文帝說兵行宜密，不必如此張揚。文帝說：「若他懼而改過，朕又何求？我將顯行天誅，何必守密？」於是修建了許多戰艦，命晉王楊廣、秦王楊俊、清河公楊素爲行軍元帥，總管韓擒虎、賀若弼等，率兵分道直取江南。隋兵有五十一萬八千萬，東接滄海，西距巴蜀，旌旗舟楫，橫亙數千里，無不奮勇爭先，盡欲滅了陳朝。

陳叔寶卻深居高閣，整日裏花天酒地，不聞外事。叔寶又敕建大皇寺，內造七級浮圖，工尚未竣，爲火所焚。沿邊州郡將隋兵入侵的消息飛報入朝。朝廷上下卻不以爲意。只有僕射袁憲請出兵抵禦，後主卻不聽。及隋軍深入，州郡相繼告急，後主叔寶遂耽樂如常，奏樂侑酒，賦詩不輟，且從容謂侍臣曰：「齊兵三來，周師再至，無不摧敗而去，彼何爲者耶？」

孔範說：「長江天塹，古以爲限，隔斷南北，今日隋軍，豈能飛渡？邊將欲作功勞，妄言事急。臣每患官卑，虜若渡江，臣定作太尉公矣。」

有人妄傳北軍的馬在路上死去很多。孔範說：「可惜，此是我馬，何爲而死？」後主聽後大笑，深以爲然，君臣上下歌妓縱酒，賦詩如故。

朝廷十分有才能的將領蕭摩訶喪偶，續娶夫人任氏。任氏妙年麗色，貌可傾城，與張麗華說得投機，結爲姊妹。任氏生得容顏俏麗，體態輕盈，兼能吟詩作賦，自矜才色，頗慕風流。她微嫌摩訶是一介武夫，閨房中惜玉憐香之事全不在行，故心裏不滿。在宮裏看見後主與張麗華好似並蒂蓮恩愛綢繆的樣子，不勝欣羡。因此見了後主，往往眉目送情。後主只因任氏是大臣之妻，未便妄動。又因爲相見時妃嬪滿前，即欲與她苟合，苦於無從下手。

一天，後主獨遇任氏，挑逗數語，便挽定玉手，攜入密室，後主擁抱求歡，任氏亦含

笑相就，絕不作難，翻雲覆雨，嬌喘盈盈。自此任氏常被召入宮，留宿過夜，調情縱樂，作長夜歡。在蕭摩訶面前，只說被麗華留住，不肯放歸。

摩訶是直性人，始初信以爲實，也不十分查問。其後風聲漸露，知與後主有姦，不勝大怒，因嘆道：「我爲國家苦爭惡戰，立下無數功勞，才得打成天下。今嗣主不顧綱常名分，姦污我妻子，沾辱我門風，教我何顏立於朝廷！」

隋兵渡江，如入無人之境。沿江守將望風盡走。後主向來懦怯，不諳軍事，待到隋兵百萬盡行壓境，後主始懼，召蕭摩訶、任忠等於內殿商議軍事。蕭摩訶只是不說話。蕭摩訶以後主私通其妻，全無戰意。最後被擒降隋。隋軍直入朱雀門，陳朝的大臣皆散走，後主身旁不見一人，唯袁憲侍側，後主說：「朕從來待卿不薄，今眾人皆棄我去，唯卿獨留，不遇歲寒，焉知松柏？非唯朕無德，亦是江東衣冠道盡。」說完，遽欲避匿。

袁憲勸說道：「北兵入都，料不相犯，事已至此，陛下去將何往？不若正衣冠，御正殿，依梁武帝見侯景故事。」

後主不從，下榻急走：「鋒刃之下，未可兒戲，朕自有計。」不知他有什麼計？從宮嬪十餘人，奔至後堂景陽殿，與張麗華、孔貴嬪三人並作一束，同投井中。隋兵入宮，執內侍問後主所在。內侍指井說：「這裏。」裏面漆黑一團，呼之不應，上面往下扔石頭，才聽到裏面有求饒的聲音。用繩子拉上來，士兵奇怪怎麼這麼重，本來以爲後主體胖，出

來後才發現後主與張麗華、孔貴嬪同束而上。隋兵皆大笑。據說三人被提上來時，張麗華的胭脂蹭在井口，後人就把這口井叫「胭脂井」。

賀若弼夜燒北掖門入，聽說韓擒虎已執陳叔寶，呼來視之，叔寶惶懼不堪，流汗股栗，向弼再拜。賀若弼安慰說：「小國之君，當大國之臣，拜乃禮也。入朝不失作歸命侯，無勞恐懼。」

晉王楊廣素慕張麗華之美，私囑高熲：「公入建康，必留麗華，勿害其命。」高熲至，召麗華來見，他說：「昔太公滅紂，嘗蒙面斬妲己，此等妖妃，豈可留得？」即斬之於青溪。

後主至京朝見隋帝，文帝赦其罪，給賜甚厚。每預宴，恐致傷心，爲不奏吳音。後來陳叔寶竟對文帝要求：「既無秩位，每預朝集，願得一官號。」文帝嘆息說：「叔寶全無心肝。」監者又說，叔寶每日喝醉，罕有醒時。帝問飲酒幾何，對曰：「與其子弟日飲一石。」文帝大驚，使節其飲，既而曰：「隨他罷，否則叫他如何過日？」

楊堅是把陳叔寶作爲一個皇帝來批評的，而在陳叔寶眼裏，他作詩度曲才是正業，興趣也全在這上頭，而管理國家不過是他偶一爲之的「副業」而已。才會在隋軍兵臨城下時，告急文書未曾拆開就被丟在床下；陳叔寶也完全忘卻了一個皇帝起碼的尊嚴，所以當隋軍殺入宮中，他才會與張貴妃孔貴妃三人抱作一團躲在井裏，以至隋文帝對一國之君如此不顧體面而大吃一驚。也許陳叔寶並不是「無心肝」，他只是從來就把自己當作一個風流才子，一個詩文騷客，亡不亡國無所謂，皇帝的體面，更是無所謂的了。

陳後主的好日子就像玉樹後庭花一樣短暫，仁壽四年，死於隋大興城，時年五十二歲。

魏徵在《陳書》中評論陳後主說「後主生深宮之中，長婦人之手，既屬邦國殄瘁，不知稼穡艱難。初懼阽危，屢有哀矜之詔，後稍安集，復扇淫侈之風。賓禮諸公，唯寄情於文酒，昵近群小，皆委之以衡軸。謀謨所及，遂無骨鯁之臣，權要所在，莫匪侵漁之吏。政刑日紊，屍素盈朝，耽荒爲長夜之飲，嬖寵同豔妻之孽，危亡弗恤，上下相蒙，眾叛親離，臨機不寤，自投於井，冀以苟生，視其以此求全，抑以民斯下矣。」

清人袁枚對張麗華的評價總還公允：「結綺樓邊花怨春，青溪柵上月傷神。可憐褒妲逢君子，都是周南夢裏人。」《玉樹後庭花》被稱爲「亡國之音」。後來就有了杜牧的《泊秦淮》：「煙籠寒水月籠沙，夜泊秦淮近酒家。商女不知亡國恨，隔江猶唱《後庭花》。」其實歷史自有其向前的步伐，所謂「亡國之音」正如「清談誤國」一樣流於道德化評價，從另一個方面看，若無「亡國之音」的《玉樹後庭花》，或許中國文學會遜色不少，起碼唐朝的文化會大打折扣。

沾滿鮮血的皇權

章懷太子被母后毒殺秘事

李賢（六五四年至六八四年），字明允，唐高宗李治的第六子，也是武則天的第二子。在其兄李弘死後，一度被封為太子，之後被廢為庶人。他年幼時便有讀書過目不忘的能力，長大後儀容舉止端莊穩重，頗得其父寵愛。上元二年，其兄李弘死於合璧宮，六月時改封李賢為皇太子。

唐章懷太子李賢，字明允，武則天所生，唐高宗的第六個兒子。武則天親生了四子：長子李弘、次子李賢、三子李顯、四子李旦。長子李弘爲皇太子，性情仁厚，高宗欲禪位給他，李弘每次見到武后專權擅政，就旁敲側擊地加以勸諫，漸漸引起武則天的反感。

已被貶入冷宮的蕭淑妃生有二女，一個是義陽公主，一個是宣城公主，此時也因母親得罪武則天被幽禁於掖庭，年齡都三十多了，也嫁不出去。李弘對她們十分憐憫，要娶為妻子。武氏大為怫意，不久便以藥酒毒死了李弘。

高宗又立二十二歲的次子李賢為皇太子。李賢也是武則天親生。他自幼「容止端雅」，小小年紀就已讀了《尚書》、《禮記》、《論語》等，過目不忘。曾受封為雍王，高宗對李賢也十分愛寵，因李弘已故，便令李賢繼立。

李賢聰明好學，處事果斷，在士人中有一定聲望。讀過《後漢書》的人都知道有「章懷注」，注者正是李賢。李賢組織一批名儒注釋《後漢書》，儘管得到父皇的褒獎，但也引起母后的猜疑，因為《後漢書》載有後漢大權落入皇后和外戚之手的史事，帶有譏諷時政之嫌。

兩年後，高宗下詔改元為調露，與武則天巡幸東都洛陽，命李賢監國。原來武則天害死了皇后與蕭淑妃，心下也覺得很不安，在夜裏常見二人披髮瀝血，向她索命。於是武則天去洛陽，免得冤鬼纏擾。

李賢在長安監國，處事明審，然而明崇儼卻密告武則天說：「太子福薄，不堪繼體，惟英王貌類太宗，相王且貌當大貴，兩子中擇立一人，方可無虞。」武則天十分信任明崇儼，只因李賢無過錯可指摘，只得勉強容忍。她屢次下書訓誡兒子，並讓人撰寫了《少陽

政範》和《孝子傳》二書供李賢研習忠孝之道，還「數作書以責讓賢」。書中暗寓訓斥的意思。李賢本是個聰明人物，窺出奧妙，也懷疑母后別有用心，於是母子間生出許多嫌隙。

第二年，武則天的寵臣明崇儼在路上被強盜所殺，武則天懷疑由李賢主使，大索盜犯，數月沒有結果。李賢對母后的做法心懷失望，於是有些自暴自棄。他開始狎昵女色。武則天召李賢至洛陽，派遣薛元超、裴炎、高智周三人去東宮搜查，三人竟在東宮查得皂甲數百具，又誘令趙道生訐告太子，硬把明崇儼被殺加在李賢身上。武則天遂提出大義滅親四字，打算把李賢置諸死地。

高宗代子求情，將廢李賢爲庶人，幽錮一室，不久又流徙距京師兩千三百里的巴州。

武則天又恐怕李賢謀變，因爲李賢曾作《黃台瓜詞》：「種瓜黃台下，瓜熟子離離，一摘使瓜好，再摘使瓜稀，三摘猶爲可，四摘抱蔓歸。」這首詩與曹植的七步詩有異曲同工之妙。武則天越發懷疑他心懷怨望，於是讓丘神績馳赴巴州，逼令李賢自殺。然後佯貶丘神績爲疊州刺史，過了一段時間，事情漸漸平息，又召丘神績爲金吾將軍，宮廷裏才慢慢得知武則天殺李賢的事。

李賢死時年方三十二歲。今人見到的乾陵章懷太子李賢陪葬墓，是中宗神龍年間遷回靈柩後重新安葬的。武則天爲什麼要一再逼迫以至於殺害自己的親生兒子呢？

一說李賢與母后爭權被殺。武則天是一個權力欲極強的人。早在高宗朝後期，她就取得了與高宗「二聖臨朝」的權利，把高宗當做傀儡而獨攬朝政。然而，自從李賢繼立爲太子之後，多次受命監國，深受高宗與朝臣的讚賞。僅僅一二年的功夫，當朝宰相除了劉仁軌與武則天關係密切之外，其餘的人幾乎都傾向於聽命太子。李賢地位的上升，嚴重妨礙了武則天篡權稱帝，當然令她不安。武則天曾說過，制馬有三物：一鐵鞭、二鐵錘、三匕首。鞭之不服則過其首，過之不服則斷其喉。怎麼對付李賢可想而知了。

一說李賢非武則天所生，難免被殺的厄運。孫楷第先生《滄州後集》卷四的《唐章懷太子賢所生母稽疑》推斷李賢是武后姊韓國夫人所生（高宗的私生子）。在母以子貴的古代，武則天自然要千方百計地除掉他，另立自己的親子爲太子。

據《舊唐書·高宗紀上》記載，永徽五年十二月十七日，武則天生李賢於去昭陵的路上，是早產。由於武則天在上年年初生下了李弘，此後又生過一女，即被她親手扼殺的長女，在兩個年頭裏生三個孩子，況且李賢爲不足月早產，又是數九寒天在路上，所以那個在拜謁昭陵路上所生的不足月孩子，可能並未活下來。

《舊唐書·章懷太子賢傳》記有當時宮人私下裏的傳說：「賢是后姊韓國夫人所生，賢亦自疑懼。」《新唐書》亦云：「宮人或傳賢乃后姊韓國夫人所生，賢益疑。」作爲替身的李賢，原來是武則天姐姐韓國夫人之子。

韓國夫人早年守寡，因武則天而入宮，得幸於高宗。如果武則天小產孩子死了，正巧這前後韓國夫人也臨盆生子，那麼悄悄地抱來私生子頂替，也是可能的。李賢問世僅一個月，父皇就給他封王，急急忙忙要確定小孩的身分地位，也許有什麼緣故。

武則天起初不會反對這種安排，多一個兒子只會使她在後宮的地位更加優越。當李賢成年後，武則天越來越不放心這位非己所生的兒子，對立他為太子，就顯得很勉強。當李賢知道了自己出生的秘密，他自然難免被廢、被殺的結局。

第三為謀反說。本來李賢就是因為在宮中抄出數百套甲冑而被定為謀反罪的。在流放期間，他真的萌發了造反的念頭，後因事洩反遭殺身之禍也不是不可能的。他死後僅半年，徐敬業等人在揚州舉兵反叛，就曾找了一個面貌類似李賢的人四出招搖，以示自己是奉李賢之命起兵的，號召天下迅速響應。可見只要李賢仍然活著，隨時都有可能自覺或不自覺地充當朝野反武勢力的領袖，而捲入到謀反之類的事件中去。

遭讒說也是一種較為可信的說法。早在李賢仍是太子的時候，以能通鬼神而深受高宗、武則天寵信的明崇儼就散佈過太子不能繼承皇位，應該另選英王或相王取而代之等言論。一九七二年出土的《章懷太子李賢墓誌銘》，文中多次以晉獻公聽驪姬之言殺申生、漢武帝聽江充之言殺劉據、晉惠帝聽賈后之言廢滑懷太子司馬遹之類的典故來暗喻李賢之死。

母殺子讓人不可思議，但自古宮廷之中親情相殘之頻繁如過江之鯽。一有權力作背景，人性就會撕開它的另一面。普通人因爲缺乏許多，所以親情才顯得格外重要。也許人性本身就是不堪一擊的吧。

武則天奪權之後，為避免李賢有異心，派遣丘神績至巴州監視。但丘神績卻自作主張將李賢另囚於他處，最後甚至逼他自殺。武則天得知此事，於洛陽顯福門為李賢舉哀，並恢復李賢的王位。中宗神龍二年（西元七〇六年）追贈司徒，並派人迎其柩陪葬乾陵（高宗與武則天的合葬墓）。睿宗景雲二年（七一一年），追贈皇太子，諡「章懷太子」，與其妃房氏合葬。章懷太子墓位於乾陵東南約三公里處，底部長、寬各四十三米，頂部長、寬各十一米，高約十八米。結構與同時期的永泰公主墓基本相似，雖然多次被盜，但墓中尚存五十多幅壁畫，保存完好，墓內還出土大量陶土石器等文物。其中最有名的就是〈打馬球圖〉，是目前已知最大的馬球壁畫。

殘暴性格的另一面

伊凡雷帝早年生活秘事

伊凡四世・瓦西里耶維奇（一五三〇～一五八四），又被稱為伊凡雷帝，留里克王朝君主，是俄國歷史上第一位沙皇。

在見識了伊凡雷帝的殘暴之後，我們不禁產生疑問：「伊凡雷帝緣何如此殘暴，是天性使然，還是後天受到刺激？」

有人認爲伊凡雷帝發瘋是因爲他從小就生存於爾虞我詐的宮廷鬥爭生活，是形勢逼迫他不得不如此。

一五五三年十二月三日，俄國皇帝瓦西里三世病逝，長子伊凡·瓦西里耶維奇即位，年僅三歲。皇帝的不諳世事註定了莫斯科宮廷將發生一系列血雨腥風的奪權鬥爭，演出一幕幕令人顫慄的悲劇。第一場就發生在伊凡雷帝的母親葉蓮娜和七位輔政大臣之間。

葉蓮娜·格林斯卡婭是瓦西里三世的第二個妻子。瓦西里三世和元配夫人結婚二十多年，雖然恩愛，卻無子嗣。爲了使龍脈相傳，他休妻再娶。葉蓮娜與瓦西里三世結婚四年後喜得貴子伊凡，次年又添一子尤里。但好事不到頭，隨後她的丈夫就撒手人寰，魂歸西天。

孤兒寡母，在這充滿刀光劍影漩渦陷阱的宮廷，怎樣才能確保皇位的平安無事呢？葉蓮娜決定先下手爲強，她利用自己「太后」的特殊身分，干預朝政。她任命寵臣，將覬覦大公寶座的伊凡四世的叔父尤里投進監獄，逼其饑渴而死。她還進行貨幣改革，加強財政管理。

葉蓮娜的篡權干政行爲遭到輔政大臣們的激烈反對。葉蓮娜一不做，二不休，乾脆廢除攝政會議，收回輔政大臣的監護權，將不服從者投入監獄。

一五三七年，伊凡四世的另一個叔父安德列逃往諾夫哥羅德，企圖煽動當地勢力叛亂，但沒有得到回應。事敗之後，安德列隻身來到莫斯科，乞求葉蓮娜的寬恕，卻被戴上鐵面具囚禁起來，後來終被長長的鬚髮窒息而死。那些支持過安德列的貴族們也被一一絞

死在從莫斯科到諾夫哥羅德驛道旁的絞架上。

然正值盛年的葉蓮娜突然身亡。有人說是得暴病不治亡，有人說是被痛恨她的波雅爾毒死的，這恐怕將永遠都成爲一個謎。她的死亡意味著新一輪宮廷鬥爭的開始。在宮廷中地位顯赫、勢力強大的伊．瓦．舒伊斯基王公家庭趁機奪取了政權。

舒伊斯基心狠手辣，暴戾專橫。他首先逮捕了葉蓮娜的股肱之臣奧鮑連斯基，將其囚死獄中。之後，又關押了另一個強大對手別爾斯基王公，處死了其親信米舒林，並把支持別爾斯基的總主教達尼爾革職。此外，他還逼死了尤里耶夫，放逐了圖奇科夫。從此，他把持朝政，胡作非爲，甚至深夜闖入王宮，恫嚇小伊凡。

沐浴著宮廷鬥爭的血雨腥風，伊凡四世鑄造了他孤傲多疑，冷酷無情的性格。他由膽怯變爲神經質的怯懦，並由怯懦而成爲變態式的殘忍。

還有一部分人認爲，伊凡雖然小時沐浴在宮廷鬥爭的血雨腥風，但他真正成爲暴君是在皇后阿納絲塔霞去世之後，正是由於皇后的去世，使他變本加厲的大開殺戒。

阿納絲塔霞出身於名門望族，貴族之家，她的祖先是十四世紀時離開普魯士到俄國定居的，俄國著名的羅曼諾夫王朝即出自這個家庭。一五四七年，十七歲的伊凡四親政後，這位「雷帝」認爲生殺大權和床笫之歡，正是最能表現他男子氣概的兩個方面。所以，他一方面讓莫斯科大主教加冕他稱「沙皇」，這是他祖父伊凡三世和父親瓦西里三世心思已

久而不敢貿然採用的稱號；另一方面，他從莫斯科向行省發出「選美」通知。

在各省府進行初選後，其中一些最秀麗的少女被送往莫斯科，總數約有一千人，阿納絲塔霞是其中的一位。這些美女到莫斯科後，再經女官進行細緻入微的全身檢查。合格者被安置在皇宮旁的配殿內，等待沙皇召見她們並從中擇一的那一天。當那天來臨時，這些篩選出來的美麗而健康的處女們黎明即起，施展自己所有的能力和條件來裝扮自己，然後依次而入，一個接一個地出現在坐在寶座上的沙皇面前，深深施禮。若沙皇毫無表示，則魚貫而過，若沙皇看中，則將一方繡金縷銀綴滿珠玉的手帕贈給對方。

當伊凡四世把那塊等於是皇后桂冠的方手帕遞給阿納絲塔霞時，秀美絕倫的中選者竟羞紅滿面，怯生生地立在沙皇身旁。伊凡四世本以爲擇后只是帝國之需，不料，忽然間對自己中意的這位女人產生了一腔深情。這對於八歲喪母、在宮廷傾軋中長大的伊凡四世來說，還是一種嶄新的情感體驗。陷入如此溫柔女兒鄉，連沙皇自己也不禁感到吃驚。

婚禮於一五四七年二月三日在升天大教堂舉行，大主教向新婚夫婦莊嚴地說道：「聖廷的神已使你們百年好合。請你們共同在全能上帝面前跪拜，積德行善，白頭偕老。沙皇，你要鍾愛和敬重皇后；皇后，你要對沙皇百依百順，男人是女人的尊長。」

年輕的皇后雖然出身高貴，但從小由寡母撫養帶大，所以養成一種溫順和諧的德行。她待人慈善和寬容，與人相處平等公正，同情民眾。由於沙皇對皇后的鍾愛，皇后的優秀

品德也無形中對沙皇產生了良好的影響。每當潛伏在伊凡性格中的暴戾危險成份抬頭，「雷帝」又要發作時，阿納絲塔霞總溫順地走到丈夫身邊，或牽著他的手到室內做祈禱，或輕輕摩挲著他的肩膀，給他一個深清的吻。漸漸地，皇后看到洗心革面的夫君身上出現了奇蹟，他開始安靜下來，不再懷疑周圍的人都是仇人，他自己心中湧起一股很久沒有感受到的充實感。

史書上寫道：「由於有皇后的諫諍，伊凡四世在位前十三年相對明智地治理著國家。」「他對貴族和臣民和藹可親、體貼入微，沒有哪位國王像他這樣得到臣民的敬畏和愛戴。」這位過去人人見了都感到恐怖的「雷帝」變了，不管在寢宮內還是在朝廷上，不管人前還是人後，伊凡雷帝都口口聲聲地叫他的皇后阿納絲塔霞為「我的小母牛」。

伊凡四世在與他的「小母牛」共同生活的十三年中，政績斐然，盛載史冊。伊凡於一五四九年建立了「重臣會議」，任用出身微賤的政治家研究會中宮廷教士西爾維斯特等作為「重臣會議」的主要成員，開始在俄國實行政治、經濟、軍事、司法等全面改革。俄史上把開始改革以後的十年時間稱為「重臣會議」時期。

在這全盛的「重臣會議」期間，沙皇頒佈了新法典，加強中央集權，召開了大型宗教會議，提出了一百個問題，加強精神統治的作用，史稱「百篇會議」。為了解決俄國的出海口問題，他發起了「立沃尼亞戰爭」，儘管無果，但也擴大了俄國的聲勢；最令沙皇自豪的是，他廿二歲那年第一次出征喀山便獲勝。爲了紀念他這次首戰告捷，而建立了一座世界級建築物——升天瓦西里大教堂。

在伊凡業績斐然的這一時期，阿納絲塔霞先後爲他生下六個孩子，四男二女。一五五七年皇后第六次分娩後，健康狀況就大不如前。一五五九年十一月，皇后和伊凡去一所修道院祈禱，皇后在修道院一間寒冷的房間突然感到身體不適，當時既無醫生，又無藥品，伊凡驚慌失措，急令回駕，回到莫斯科克里姆林皇宮後，經御醫悉心治療，阿納絲塔霞才慢慢復原。皇后是那樣地嫵媚深情和溫柔謙抑，在經歷了差點失去對方的痛苦之後，他們之間有了一種更新的意識，一種增強了的感情，一種再次相依相存的強烈感情。

一五六〇年七月，皇后舊病復發，病情突然惡化。正當她臥病躺下時，鄰近克里姆林宮的市區忽然起火，風勢很猛，大火燒到了宮牆。阿納絲塔霞在寢宮內已經聽得到大火的怒吼和梁柱坍塌的響聲。伊凡連忙跑出去組織救火，皇后精神受到刺激，不能平靜下來。御醫命人用擔架將阿納絲塔霞皇后抬到離莫斯科十俄里的一座行宮。

當火勢被控制住，伊凡揚鞭急疾至他的「小母牛」身邊時，只見她正燒得全身戰慄。她彷彿覺得熊熊大火仍從四面八方朝她和伊凡以及他們的孩子們周圍燃燒過來，任何藥物都不能使她平靜。伊凡跪在地上，默默禱告：「寧願拋棄江山，換取皇后生命。」但阿納絲塔霞仍於一五六〇年八月七日凌晨五時永遠地離開了伊凡雷帝和她的孩子們。

阿納絲塔霞之死像是打開了伊凡內心的閘門，童年時期那些暴躁多疑的本性又發洩了出來。他突然感到孤獨，因爲佑護他的天使已經飛走。當沙皇的「小母牛」下葬在克里姆林宮內的耶穌升天女修道院裏時，俄國歷史上光輝的「重臣會議」時期也隨之被埋葬了。再次經受那可怕的失落感折磨的伊凡已無法控制自己。「特轄制」也在這期間建立。

對御醫的處置顯然是由於皇后之死導致的。雷帝責備御醫沒有治好他的皇后，便下令對御醫用烘炙刑。把御醫綁在一個木桿子上，放到火中烤，先拷後背，背後的皮肉隨即冒煙乾癟下去，再翻過來烤前胸，胸前的皮肉脂肪吱吱地作響，焦臭味瀰漫整個刑房。伊凡搬了一把椅子坐下，一邊聞著氣味、聽著慘叫，一邊看著他的御醫如何由活人變成焦黑色屍體的全過程。

自阿納絲塔霞於一五六〇年去世後，伊凡雷帝又娶過七個皇后，均不得好死，不是被沙皇毒死，就是突然暴卒。最後一位，即雷帝的第八位皇后，叫瑪麗·多爾戈魯斯，不知用何種方法蒙混了女官對她的婚前體檢。洞房花燭夜，垂老的公牛伊凡發現末代皇后竟然不是一位處女，這真是對雷帝的一種嘲笑！凌晨，那位新皇后被赤身裸體地綁在一架馬車上，幾匹烈馬把她拖進河裏溺死。這種殘酷是否是對阿納絲塔霞皇后的一種獨特懷念方式。贊成這種說法的人，經常設想，如果「小母牛」沒有過早地去世，那麼這段歷史可能就要重演了。

伊凡雷帝如此殘忍，到底是由於從小的壓抑還是失偶後的變態，也許還不能有一個清晰的答案。

伊凡雷帝名號的由來

伊凡四世的母親葉蓮娜是蒙古金帳汗國大汗馬麥的後裔，嫁給年近五十仍未有子嗣的瓦西里三世之後，終於生下了繼承人，伊凡四世出生時，正好電閃雷鳴，因此被稱為伊凡雷帝。伊凡四世在沙皇俄國的開國史上占有非常特殊重要的地位，是具有遠見的國王；但在另外一方面，他因生長在階級鬥爭和統治集團內部鬥爭極其複雜的環境中，自幼即養成冷酷無情的性格，有很強的猜忌心，且殘忍，對貴族們行嚴厲鎮壓。十三歲時就下令處死反對他的世襲大領主，並在盛怒之下，竟然用手杖打死了長子伊凡太子，使人感到特別驚駭和恐怖。

廢妻黜子的無奈

彼得大帝家庭生活秘事

彼得一世（一六七二～一七二五），於一六八二年至一七二五年間統治俄國，他是一位征服者，也是一位改革者，努力使俄羅斯現代化。在他的專制統治下，他夢想將俄國轉變為歐洲的強權之一，在他在位期間，俄國幾乎無日不戰。人稱彼得大帝。

彼得大帝是俄國最偉大的沙皇。他的後妻成為俄國的第一位女沙皇——葉卡特琳娜一世，而彼得大帝的原配妻子葉芙朵基婭卻在修道院裏當了三十年的女尼，她的兒子，當時的皇太子也不幸被罷黜。這難道又是一次皇妃奪寵的結果嗎？讓我們將目光回溯，討究這其中的是是非非。

十七、十八世紀之交的俄國是一段暴風雨般的歷史。一六八二年，彼得的生母娜特莉婭攝政僅廿九天便被彼得的異母姐姐索菲婭奪去了攝政權。在索菲婭攝政期間，彼得隨母親住在遠離克里姆林宮的普列奧布拉任斯基村。

彼得不滿十七歲，母親就決定給兒子成親。按當時的風俗，男子一結婚就算是成人了，因此，兒子結了婚就無須再受索菲婭的控制了。

母親替兒子物色了一個貴族出身的女子葉芙朵基婭，二十歲，比彼得大三歲。彼得完全聽憑了母親的安排，順順當當地和母親替他找的女子結了婚。據同時代的人描寫，「新娘容貌出眾，只是智力平常，性情和丈夫不一樣」。剛過了兩個月的蜜月生活，彼得就覺得和這位盲目守舊，一臉奴隸般溫順愁容的美人相處不下去了，他撇下他的嬌妻，跑到佩列雅斯拉沃湖做軍事遊戲去了。

葉芙朵基婭實在弄不明白，她有什麼地方使彼得感到厭煩，便寫信給丈夫，信裏溫情濃濃：「我的心上的人兒，願你長壽。我求求你，趕快回到我的身邊吧。你的嬌妻叩首」，她當時還沒意識到她的丈夫已經對她沒有感情了。她見彼得不回信，又請求丈夫恩准她去見他。彼得仍不回信。在更晚一些時候，葉芙朵基婭的信中已充滿了一個清楚地知道自己已被遺棄的女人的悲傷和狐獨感，信中不再稱自己是「嬌妻」，而改稱為「不幸的女人」，彼得之所以不願回家，不願再見葉芙朵基婭，是因為他感到她全身無可救藥地散

發著舊俄羅斯的味道，她屬於一個過時的世界，而這個守舊的世界正是年輕的彼得所想要消滅的世界。

彼得後來又回到葉芙朵基婭身邊，不是出於夫妻感情，而是出於宮廷政治。因爲發生了「射擊軍事件」，彼得一舉擊敗了女攝政王索菲婭，自己當上了真正的沙皇。當上皇后的葉芙朵基婭基婭仍是舊式俄羅斯婦女的典型產物，她相信夢幻，極端迷信，每天不停地祈禱，爲一丁點生活小事而耿耿於懷。雖然她總是稱彼得爲「我的賢夫」、「我的明燈」、「我的幸福」、「我的心肝」、「我的小寶貝」，肉麻地一大堆愛稱，但總也感動不了丈夫。無奈，兩人代表兩種背道而馳的思想，怎麼談得攏呢。一六九〇年，同床異夢的沙皇和皇后有了一個兒子，取名叫阿列克塞，但這未能改善他們的家庭關係。

接著，彼得大帝喬裝出國考察，到當時最先進的西歐國家去學習經濟、文化、政治、軍事各個方面的先進技術和先進經驗，將其帶回當時已變得落後的俄國，以進行一場全面的大刀闊斧的改革。

一六八九年，彼得大帝悄然返回俄羅斯。出國一趟，開闊了彼得的思路，他決意要重新開始一種新生活。回莫斯科後的第三天，彼得和葉芙朵基婭談了四個小時的話。彼得提出離婚，葉芙朵基婭憤慨地拒絕了。她全心全意地愛著沙皇，她是皇太子的生母，她就是不離婚……，彼得根本就不吃她這一套。三個星期後，一輛沒有護衛的普通馬車從克里姆

林宮開出來，被沙皇廢黜了的皇后葉芙朵基婭坐在馬車裏。馬車急速地向蘇茲達爾修道院駛去，蘇茲達爾修道院又多了一名修女。年僅廿六歲的皇后變成了葉蓮娜嬷嬷。

不知有幾個寒暑交替著過去了。一七〇七年初，葉芙朵基婭所生的兒子阿列克塞已十七歲，皇太子背著父皇秘密到蘇茲達爾修道院去探望被幽禁的母親。彼得大帝獲悉後，責罵和威脅了兒子一通。不久，皇太子在莫斯科的住所成了所有對彼得大帝改革不滿的人的集中地，這些舊時代的老相識在皇太子家中詛咒著那位想根除一切舊習的大帝的改革行動。一七一一年，敢於和舊傳統挑戰的彼得大帝宣布和一個洗衣婦葉卡特琳娜正式結婚。皇太子和他那幫遺老們對沙皇的發瘋行爲更加不滿。在舅父和姨母及親信的策劃下，皇太子決定叛逃國外，以圖借助國外勢力來反對彼得大帝的改革。

一七一六年，皇太子潛往奥國，彼得大帝憤怒之極，派使臣前往奥國幾經交涉，終於在一七一八年將阿列克塞皇太子帶回俄國。彼得大帝不徇私情，決定王子犯法，與庶民同罪，對皇太子進行和普通臣子一樣的審判。六月，阿列克塞受到刑訊，被打了廿五大棍，肉體上和精神上受到了極大的打擊，在死刑判決未執行前就死去了。

在審訊「皇太子案件」的同時，彼得大帝還在進行另一件所謂「蘇茲達爾案件」的偵訊。如果說第一個案件的中心人物是皇太子，那麼第二個案子的主角是他的生母葉芙朵基婭。

彼得掌握了一些他們母子二人秘密來往的情報，於是開始調查，結果沒有查出葉芙朵基婭參與太子事件，卻發現了更令彼得氣憤的惡性事件，葉芙朵基婭在修道院裏居然擁有一位情夫。當密使把查抄出來的葉芙朵基婭寫給情夫的信件交給沙皇過目時，彼得氣憤之極，信中那一大堆肉麻的稱呼，諸如「我的小寶貝」、「我的心肝」，同二十年前葉芙朵基婭寫給自己的愛稱如出一轍。

是可忍，孰不可忍。情夫斯捷潘上尉被施以酷刑，斯捷潘上尉終於無法忍受，無言死去。葉芙朵基婭得以保全了性命，彼得大帝網開一面，把她遣送到一個更爲偏僻的拉多加修道院去。

一七二五年，彼得大帝因尿毒症死去，其後妻葉卡特琳娜繼承王位。葉芙朵基婭被從修道院押送一間充滿老鼠的黑牢裏。葉芙朵基婭每天面壁祈禱死亡早日降臨。突然有一天，女囚聽見牢門門閂移動的聲響，她呆滯地回頭一看，一位穿著華麗宮服的人出現在黑牢的光亮門口，正向她躬身行禮。原來，女皇葉卡特琳娜一世死了，新沙皇彼得二世正是葉芙朵基婭的親孫子。

葉芙朵基婭在經受了三十年暗無天日的禁閉後，又回到了金碧輝煌的克里姆林宮殿裏。

南漢亡國之君閹人成癖秘事

南漢後主劉鋹（九四二年至九八〇年），原名劉繼興，五代時期南漢君主，是南漢帝劉晟的長子，原封衛王。南漢乾和十六年（九五八年）劉晟去世，劉繼興繼位，改名劉鋹，改元大寶。劉鋹不會治國，政事皆委由宦官龔澄樞等人處理，政事紊亂。大寶十四年，宋軍節節進逼，劉鋹挑選十幾艘船，滿載金銀財寶及嬪妃準備逃亡入海；還沒出發，宦官與衛兵就盜取船舶逃走，劉鋹只好投降，南漢亡。

五代十國時，南漢國王劉晟吃丹藥喪命。其子劉鋹嗣位，劉鋹即位之後，易名為劉鋹。

劉鋹性行昏懦，以盧瓊仙、黃瓊芝爲侍中，參決政事。信任宦官龔澄樞，國家大政，皆由龔澄樞指示可否。最令人不解的是：凡群臣有才能的，或者讀書的士子中了進士、狀元，皆要先閹割了，然後進用。即便是和尚道士，劉鋹想與其談禪論道，也要先閹割了再說。在劉鋹認爲，百官們有家有室，有妻兒老小，肯定不能對皇上盡忠。有些趨炎附勢的人，居然自己割了陽具，以求進用。於是南漢幾乎成爲閹人之國。時人稱未受閹割之刑的人爲門外人，而稱已閹割者爲門內人。

劉鋹重用宦官，事事都惟內官之言是從。其時有個宦官陳延壽，原是個無賴之徒，後來因姦淫婦女被下了蠶室，便進宮內充當一名內侍。因他性情靈巧，善於趨承，慢慢獲得了劉鋹的信任。陳延壽想邀取劉鋹的寵幸，便將女巫樊鬍子舉薦進宮內。樊鬍子以送神請仙，畫符咒水來騙錢謀生。她自稱奉了玉皇大帝的使命，特來輔佐劉鋹削平四海統一天下。

劉鋹半信半疑，樊鬍子頭戴遠遊冠，身穿紫霞裾，腰束錦裙，足登朱紅履，打扮得不僧不俗，不男不女。接著作出玉皇大帝附身的樣子，胡言亂語說劉鋹本是玉皇大帝的太子下凡，來當掃平諸國，統一天下。且命樊鬍子、盧瓊仙、龔澄樞、陳延壽等降臨人世，輔佐太子皇帝，這四個人皆是天上神聖，偶然不慎犯了什麼過失，太子皇帝也不得加以懲治。劉鋹忙俯伏在地，誠惶誠恐地不住磕頭。從此宮中都稱劉鋹爲太子皇帝。

劉鋹也自以爲是玉皇大帝的太子降凡，因此有恃無恐，愈加暴虐起來。他制定了燒、煮、剝、剔、劍樹、刀山等各種殘酷的刑罰。臣民稍有過錯，就用毒刑處置，因此搞得人人驚懼，甚至熟人在路上相遇，只能相互使眼色，而不敢多說一句話。

他在後苑內養了許多虎豹之類的猛獸，將罪犯的衣服剝去，驅入苑中，讓他赤身與虎、豹、犀、象角鬥。劉鋹領了後宮侍妾在樓上觀看，每聽到慘叫的聲音，他就拍手大笑，以此爲樂。

內侍監李托有兩個養女，都生得如花似玉，選入宮中，長者封爲貴妃，次者封爲才人，劉鋹極爲寵愛。他每夜與李氏姊妹飲酒歌舞，酒後以觀看罪犯被猛獸撕咬爲樂。劉鋹心情不好的時候，便將平日討厭的大臣捉來，或是燒煮，或是剝剔，或上劍樹，或上刀山。那些文武大臣整日栗栗危懼，見了劉鋹，好似見閻王一般。

劉鋹經常出外微行，有時帶一二個內侍，有時獨自一人至街市中亂闖。酒店、飯館、花街柳巷，無處不到。倘若倒楣的百姓遇見了他，偶有一二句言語不謹慎，觸犯了忌諱，或是得罪了他，頓時便命衛士捉進宮去，剝皮剔腸，鬥虎抵象，活活地送了性命。當時南漢的百姓偶然見到陌生人，便懷疑是皇帝來了，一齊張口結舌，連話也不敢多講。

有一天，劉鋹獨自出宮，偶然走到一座古董店前，櫃檯裏面坐著一個年輕女子，皮膚略帶黑色，身體很肥腴，眉目之間現出妖豔的神態。劉鋹走上去搭訕。原來那女子是波斯

人，劉鋹將女子弄進宮裏。這波斯女豐豔善淫，曲盡房術，床第之間有不可言傳的妙處，把劉鋹弄得神魂顛倒，大加寵愛。因其黑而肥，賜號爲「媚豬」。媚豬又選擇宮中體態善淫的宮女九人，盡傳她的房中術，使隨自己一同去服侍劉鋹。劉鋹一時大開淫心，將九人各個賜號：一個高大肥胖的，稱做媚牛；一個瘦削雙肩的，稱做媚羊；一個雙目盈盈如水的，稱做媚狐；一個雙乳高起如楊貴妃的，稱做媚狗；一個香喘細細、嬌啼婉轉的，稱做媚貓；一個額廣面長的，稱做媚驢；一個雪膚花貌，水肥玉骨的，稱做媚兔；一個喜嘯善援的，稱做媚猿；一個聲如龍吼的，稱做媚獅。以媚豬爲首，總稱爲十媚女。

媚豬的房術之厲害，往往使劉鋹棄甲曳兵。劉鋹只得訪求方士，覓取健陽藥，以與媚豬在床上相抗衡。劉鋹在殿間開了一窗，窗戶上擺了籌碼，命宮女守候，他每與媚豬宣淫一次，宮女就即投一籌碼，一夜之間，最少十餘個籌碼，宮女被稱爲「候窗監」。

劉鋹愛看男女交歡，他選擇許多無賴青年，以及宮內的幼年宮女，命男女都脫去衣服，聚在一起，互相交歡。劉鋹與媚豬往來巡行，記其勝敗，若男勝女，更加以賞賜；若女勝男，便說那男子是個廢物，輕則閹割，重則燒煮剝剔餵虎豹。劉鋹將男女交媾之處，名爲「春場」；男女互相交接，名爲「大體雙」。（**大體雙的穢稱一直延續至今**）

有個名叫素馨的宮女，天姿國色，她常穿著白夾衫，帶素馨花，雲髻高盤，滿插花朵，遠遠望去好似神仙。劉鋹對她十分嬖愛，特地爲了素馨造起一座芳園林。園內種植名花，到春間百花盛開，便命素馨率領眾宮女作鬥花之會。每逢開花之期，劉鋹在天明時親自開了園門，放宮女們入內採擇花枝。待採擇齊備，立即關閉園門，齊往殿中各以花枝一決勝負。鬥花勝的，當夜蒙御駕臨幸；鬥花敗了的，罰金錢置備盛筵爲勝者賀功。芳林園中除了眾花之外，又栽了許多荔枝樹，荔枝熟時，如同貫珠，顏色鮮紅，燦若雲霞。劉鋹在花下大張筵宴，美其名曰「紅雲宴」。

劉鋹性情雖然暴虐，天資卻很聰慧，常用珍珠結爲鞍勒，作戲龍的形狀，精巧異常。他命人入海採珍珠，多至三千人。在宮裏無事時，便以魚腦骨作托子，鏤椰子爲壺，雕刻精工，細入毫芒，雖有名的雕刻工匠見了劉鋹所製器物，都詫爲世所罕有。劉鋹以珍珠裝飾宮殿，一代之尊，極盡奢侈，並在合浦置媚川都，置兵八千專以採珠爲事。珠民採珠時，將石頭繫在珠民的腳上，深入海裏七百尺，珠民溺死者無數。

南漢地狹力貧，劉鋹這樣奢侈無度，不久府藏已空虛。劉鋹便增加賦稅，凡邑民進城的，每人須輸納一錢。瓊州地方，斗米稅至四五錢。每年的收入，都作了築造離宮別館及奇巧玩物的花費。宦官陳延壽製作諸般淫巧，日費數萬金。陳延壽勸劉鋹除去諸王以免後患，於是劉氏宗族被屠戮殆盡。舊臣宿將非誅即逃。以致朝堂上官員一空，只剩下了李托、龔澄樞、陳延壽和一班太監。所以宋朝的軍隊前來討伐，劉鋹也毫不知情。

當宋兵距賀州只有三十里路，劉鋹才得消息，但此時南漢掌兵的人都是些宦官；再

加上城壕都設爲宮觀池沼，樓艦皆毀，兵械腐敗，所以劉鋹束手無策。當時有個宮女梁鸞真保奏郭崇嶽可以退敵。郭崇嶽專事迷信，日夜祈禱鬼神，想請天兵天將來退宋軍。誰知郭崇嶽每天叩頭祈禱，只是沒有應驗。宋兵勢如破竹，劉鋹急取船舶十餘艘，上載金寶妃嬪，意欲浮海逃生。還未來得及跑，宦官樂範盜了船先行一步遁去。劉鋹只得詣宋營乞降。南漢自劉隱據廣南，至劉鋹亡，共六十五年。

劉鋹被押送至汴京，宋太祖責問劉鋹暴虐人民，橫徵賦稅之罪。劉鋹反而不慌不忙，向太祖叩頭說：「臣僭位之時，年方十六，龔澄樞、李托等，皆先朝舊人，每事悉由他們作主，臣不得自專，所以臣在廣州，澄樞等才是國主，臣反似臣子一般，還求陛下垂憐！」史稱劉鋹口才極好，此寥寥數語已可見一斑。宋太祖聽了劉鋹的話，赦免了劉鋹，並賜錦衣冠帶，授了官職。看到劉鋹親手用珍珠寶石結成的一條龍，宋太祖嘆息地對左右說：「劉鋹好工巧，習與性成，若能移治國家，何至滅亡。」

劉鋹體質豐碩，極有口才，因此宋太祖時常召賜御筵，聽其談論以爲笑樂。《清異錄》中記載，「劉昏縱……延方士求健陽法，久乃得多多益辦。好觀人交，選惡少年配以雛宮人，皆妖俊美健者，就後園褫衣使露而偶，扶媚豬，延行覽玩，號曰大體雙。又擇采異與媚豬對，鳥獸見之熟，亦作合。」歷代亡國之君的淫蕩生活登峰造極，決不止上述這些，歷史記載的只是小小一筆，真正的秘聞大多反而湮沒了。

美姬惹禍端

後蜀孟昶賠了夫人又亡國秘事

後蜀後主孟昶（九一九年至九六五年），初名仁贊，後蜀高祖孟知祥第三子，也是後蜀的末代皇帝。在位三十一年，享年四十七歲。他即位初年，勵精圖治，與修水利，注重農桑，後蜀國勢強盛。但是他在位後期，貪圖逸樂、沉湎酒色，不思國政，生活荒淫，奢侈無度，朝政十分腐敗。

五代時，孟知祥爲西川節度使，後唐明宗死後，孟知祥僭稱帝號，歷史上名爲後蜀。孟知祥不出數月而死，其子孟昶繼位，是爲後主。

孟昶年僅十六歲，他愛好文藝辭賦，曾命人在石頭上刻《論語》、《爾雅》、《周

易》、《尚書》等十經，盡依太和舊本，歷時八年才刻成。又怕刻石經流傳不廣，就刻爲木板，以便於傳流。後世用木刻本書，始於後主孟昶。

孟昶親政初始還能勵精圖治，隨著國家無事，便開始鬆懈起來。因紈褲子弟王昭遠好說大話、善於逢迎，便加以重用，凡一切政務，都任由王昭遠辦理。自己則酣歌恆舞，日夜娛樂。他爲了打球走馬，強取百姓的田地，作爲打球跑馬場，命宮女穿五彩錦衣，穿梭來往於場中，好似蝴蝶飛舞。

因後宮妃嬪沒有絕色美女，他廣徵蜀地美女以充後宮。青城有一姓費的女子，生得風姿秀逸，且擅長吟詠，精工音律。後主聞其才色，選入宮中，十分嬖愛。因前蜀王建之妾小徐妃，號爲花蕊夫人，也就襲其名稱，封費氏爲花蕊夫人。

花蕊夫人既生成玉樣溫柔，花樣風流，更兼天賦歌喉，每逢侍宴，紅牙按拍，檀板輕敲，真個是響遏行雲，聲徐流水，餘音嫋嫋，繞梁三日。後主日日飲宴，覺得肴饌都是陳舊之物，端將上來，便生厭惡，不能下箸。花蕊便別出心裁，用洗淨的白羊頭，以紅麴煮之，緊緊捲起，將石鎮壓，以酒淹之，使酒味入骨，然後切如紙薄，吃起來風味無窮，號稱「緋羊首」，又名「酒骨糟」。

後主遇著月旦，必用素食，且好吃薯藥。花蕊夫人以薯藥切片，蓮粉拌勻，加用五味調和以進，清香撲鼻，味酥而脆，並且潔白如銀，望之如月，宮中稱之爲「月一盤」。其

餘肴饌，特別新製的，不計其數。後主命御膳司刊列食單，多至百卷，每值御宴，更番迭進，每天都沒有重味的。

花蕊夫人最愛牡丹花與紅梔子花，後主因此開闢宣華苑，不惜金錢，四出收集牡丹花種，栽植於內。改宣華苑爲牡丹苑。當春花開時，雙開的有十株，黃的、白的各三株，黃白相間的四株，其餘深紅、淺紅、深紫、淺紫、淡花，巨黃、潔白；正暈、側暈，金含稜、銀含稜；傍枝、副搏、合歡、重疊台，多至五十葉，面徑七八寸，有檀心如墨的，花開後香聞十里。後主與花蕊夫人日夕在花下吟詩作賦、飲酒彈琴。

紅梔子花顏色淡紅，其瓣六出，清香襲人。花蕊夫人說梔子有牡丹之芳豔，具梅花之清香，是花中仙品。梔子花眾只得兩粒，民間還不曾見。有人便將花畫在團扇上向他人炫耀。後來竟相習成風，不但團扇上面畫著紅梔子花。豪家子弟們將梔子花繡在衣服上面，到處遊行。婦女把絹素鵝毛裁剪出來，做著紅梔子花，插在鬢上，作爲裝飾。一時之間，蜀中所有鳳釵珠環，金鈿銀簪，盡都摒而不用，一齊戴起紅梔子花來，成爲當時的風尙。

後主又下令國中，沿著城上，盡種芙蓉。秋天芙蓉盛開，沿城四十里遠近，開得疊錦堆霞，一眼望去，好似紅雲一般。傾城婦女都來遊玩，珠光寶氣，綺羅成陣，簫鼓畫船，遂隊而行。後主御輦出宮，帶了無數的宮嬪女官，一個個錦衣玉貌，珠履繡襪，車水馬龍，輾塵欲香，蜀稱「錦城」，至此可謂名副其實了。

每逢宴餘歌後，後主同花蕊夫人將後宮的佳麗召至御前，親自點選，揀那身材婀娜，姿容俊秀的，加封位號，輪流進御，特定嬪妃位號，爲十四品。其品秩相當於公卿大夫士，每月香粉之資，皆由內監專司，謂之月頭。到了支給俸金之時，後主親自監視，那宮人竟有數千之多，唱名發給，每人由御床之前走將過去，親手領取，名爲支給買花錢。花蕊夫人寫詩詠此事道：

「月頭支給買花錢，滿殿宮人近數千；遇著唱名多不語，含羞走過御床前。」

後主最怕熱，每遇炎暑天氣，便覺喘息不已，甚至夜間亦難著枕，便在摩訶池上，建築水晶宮殿，以爲避暑之所。畫棟雕梁，飛甍碧瓦，五步一閣，十步一樓，複道暗廊，千門萬戶，紋窗珠簾，繡幕錦幃。又另外鑿了一處九曲龍池，蜿蜒曲折，有數里之長，通入摩訶池內；清波漣漪，朱欄回環；池內盡植蓮花，青梗綠蓋，紅白相間，亭亭淨植，風來飄香。水晶宮殿矗立在池的中央，四圍均用木頭做成可以活動的橋梁。共有四座小橋，按著東西南北架立。要過橋時，一按池欄上面的機關，那橋須臾架好，便可從橋上走入殿內；不橋時，也不要將機關一拉，那橋自會收將起來。水晶宮大殿三間，都是楠木爲柱，沉香作棟，珊瑚嵌窗，碧玉爲戶，四周牆壁不用一塊磚石，用數丈開闊的琉璃鑲嵌而成；內外通明，毫無隔閡；一入其中，便好似進入琉璃世界。

最奇妙的是池內安著四架激水機器，將機括開了，四面的池水，便一齊激將起來，高

至數丈，聚於殿頂，仍從四面分瀉下來，歸入池中。那清流從高處直下，如萬道瀑布，奔騰傾倒；又如匹練當空，聲似琴瑟，清脆非凡。那池中的水珠兒，激蕩得飛舞縱橫，如碎玉撒空，卻又沒有一點兒激入殿裏來。無論什麼炎熱天氣，有這四面的清流，自上射下，那暑熱之氣，早已掃蕩淨盡，便似秋天一般了。

再看那殿中陳設的用品，全是紫檀雕花的桌椅，大理石鑲嵌的几榻，珊瑚屏架，白玉碗盞，沉香床上懸著鮫綃帳，設著青玉枕，鋪著冰簟，疊著羅衾。殿中懸巨大的明月珠，熠熠生光，似明月一般，夜裏不用點燈。孟昶攜了花蕊夫人，偕同宮眷移入水晶宮內，以避暑熱。

一天，後主酒後酣睡，直到半夜方才醒來，一翻身坐在冰簟上面，覺得甚是煩渴。正要喚宮人斟茶解渴，花蕊夫人已盈盈的步至床前，掛起了鮫綃帳，手托晶盤，盛著備下的冰李、雪藕，後主取來一吃，覺得涼生齒頰，十分爽快。便與花蕊夫人出去納涼。慢慢地行至水晶殿階前，在紫檀椅上坐下。

此時綺閣星回，玉繩低轉，夜色深沉，宮裏靜悄悄的絕無聲息。他們並肩而坐。天上微雲一抹，河漢參差，天淡星明，涼風吹時起，岸旁柳絲花影，皆映在水池中，被水波蕩著，忽而橫斜，忽而搖曳。花蕊夫人穿著一件淡青色蟬翼紗衫，被明月的光芒映射著裏外通明。但見她裏面隱隱的圍著盤金繡花抹胸，乳峰微微突起，映在紗衫裏面，愈覺得冰肌

玉骨，粉面櫻唇，格外嬌豔動人。後主情不自禁把花蕊夫人攬在身旁，相偎相依。

花蕊夫人低著雲鬟，微微含笑道：「如此良夜，風景宜人。陛下精擅詞翰，何不填一首詞，以寫這幽雅的景色呢？」

後主應允，立即取過紙筆，一揮而就。花蕊夫人接來觀看，是調寄《洞仙歌》一闋，詞裏寫：

「冰肌玉骨，自清涼無汗。水殿風來暗香滿。繡簾開，一點明月窺人；人未寢，欹枕釵橫鬢亂。起來攜素手，庭戶無聲，時見疏星渡河漢。試問夜如何？夜已三更，金波淡，玉繩低轉。但屈指、西風幾時來，又只恐、流年暗中偷換！」

花蕊夫人將「又只恐、流年暗中偷換」誦讀幾遍，對後主道：「陛下詞筆，清新俊逸，氣魄沉雄，可謂古今絕唱了。只最後一句未免使人傷感。」後主命花蕊夫人譜曲歌詠，自吹玉笛相和。唱到那「人未寢，欹枕釵橫鬢亂」，後主便將玉笛放慢，花蕊夫人卻隨著玉笛，延長了珠喉，一頓一挫，更加靡曼動人。至「又只恐、流年暗中偷換」，又變作一片幽怨之聲，如泣如訴，格外淒清。後主的笛聲也吹得迴環曲折，悽楚悲涼，那林間的宿鳥被歌聲驚動，撲撲飛起。

後主這樣的朝歡暮樂，光陰過得非常迅速。這時宋主已平荊南，兵威所加，無不摧折。王昭遠說：「蜀地險阻，外扼三峽，宋兵焉能飛渡。」後主也就放心了。當下又有人獻議，勸後主通好北漢，夾攻汴梁。後主便從其議，修了書函，遣趙彥韜帶蠟書，由間道馳往太原。

哪知趙彥韜見後主荒於朝政，沉迷酒色，知道蜀中必要敗亡，他久已有心降宋，現在得著這個機會，便帶了蠟書，暗中馳至汴京，把後主蠟書進入宋太祖。太祖看了此書，不覺笑道：「朕要伐蜀，正恐師出無名，現在有了這封書信，便可借此興兵了。」遂即調遣軍馬，命忠武軍節度使王全斌，爲西川行營都部署，率馬步軍六萬人，分道入蜀。太祖已在汴河之濱，爲蜀主治第。多至五百餘間，供張什物，一切具備。

太祖久聞花蕊夫人天姿國色，是個尤物，心內十分羨慕，惟恐兵臨成都，花蕊夫人爲兵將所蹂躪。所以諸將臨行之時，他便再三囑咐，不准侵犯蜀主家屬，無論大小男婦，都要好好的解送汴京。太祖爲後主在汴京造屋，原含著一片深意在內的。

孟昶聽到宋兵入蜀，便也調集人馬，命王昭遠爲都統帶領大兵，抵拒宋師。孟昶又遣玄喆率精兵數萬守劍門。玄喆用車載著愛姬，攜樂器、伶人數十以從，蜀人都竊笑。王昭遠好讀兵書，以方略自許，他自負不凡道：「此行不是克敵，便是進取中原，直搗汴京，當領此二三萬雕面惡少兒，取中原如反掌爾！」

昭遠飲酒已畢，率領人馬啓行，手執鐵如意，指揮軍士，自比諸葛亮。誰知剛一接戰，兩員大將被活擒過去。蜀兵逃也來不及；連軍中帶的三十萬石糧米，也爲宋兵所得。

王昭遠還說勝敗兵家常事，只要自己出去，一場廝殺，便可把宋兵殺得片甲無存了。他口內雖說著大話，卻不敢率兵前進，只在羅川列了營寨，等候宋軍。

後來被宋軍夾擊，退保劍門。轉眼劍門失守，昭遠被宋兵將鐵索套在頸上，好似牽猴子一般牽將去了。後主修起降表，齎往宋營。

後主及家眷被押往汴京。沿路由峽江而下，山川崎嶇，道路難行，花蕊夫人嬌怯怯的身軀，經受了這樣風霜之苦，抱著一腔亡國之恨，秋水凝波，春山斂黛，十分幽怨。這日道經葭萌關，在驛中憩息。後主孟昶有軍士監守，另居一室；花蕊夫人帶了兩名宮人，居於左首一間屋內。花蕊夫人瞧著這般模樣，回想盛時，在宮中歌舞宴飲，何等歡樂，今日國亡家破，身為囚虜，尚不知到汴京時性命如何，心內想著，好不傷感。

獨自一人涕泣了一會兒，覺得一盞孤燈，昏慘慘的，不勝淒涼，再看兩個宮人，已是睡得和死人一般。花蕊夫人要睡又睡不著，要想把燈剔亮。卻又沒有燈檠，只得將頭上的金鳳釵取下，把燈剔亮，那胸中的哀怨無處發洩，便隨意填的一闋小令，取過筆墨，要寫了下來，卻又沒有箋紙，只得蘸著筆，在那驛壁上寫道：「初離蜀道心將碎，離恨綿綿，春日如年，馬上時時聞杜鵑。」

到汴梁後，孟昶舉族與官屬一併到了京裏，素服待罪闕下。太祖將他封為檢校太師，兼中書令，授爵秦國公，賜居汴河之濱的新造第宅。太祖久聞孟昶之妾花蕊夫人豔麗無

雙，極思一見顏色，借慰渴念，但一時不便特召，只好借著這種金帛，遍爲賞賜，孟昶一行必定進宮謝恩，就可見花蕊夫人了。

到了次日，孟昶妻妾一同入宮拜謝聖恩。太祖便擇著次序，一個一個召見。到得花蕊夫人入謁，太祖格外留神，覺得她才至座前，便有一種香澤撲入鼻中，令人心醉。仔細端詳，真是天姿國色，不同凡豔，千嬌百媚，難以言喻。折腰下拜，好似迎風楊柳，婀娜輕盈。太祖已看出了神，好似酒醉一般失了知覺。等到花蕊夫人口稱臣妾費氏見駕，願皇上聖壽無疆，這一片嬌音，如珠喉宛轉，嚦嚦可聽。太祖的眼光射住在花蕊夫人身上，一瞬也不瞬。

花蕊夫人也有些覺著，便瞧了太祖一眼，低頭斂鬟而退。這臨去時的秋波一轉，更是勾魂攝魄，直把個太祖弄得意馬心猿，竟致時時刻刻想念著花蕊夫人，幾乎廢寢忘餐。恰值此時，皇后王氏於乾德六年崩逝，六宮春色雖然如海，都比不上花蕊夫人的美貌。太祖正在擇后，遇到這樣傾國傾城的佳人，如何肯輕易放過？思來想去，便將心腸一硬道：「不下毒手，如何能得美人？」當下決定了主意。

便在這一天，召孟昶入宮夜宴，太祖以卮酒賜之，並諭令開懷暢飲，直至夜半，方才謝恩而歸。至次日孟昶遂即患病，胸間似乎有物梗塞，不能下嚥。延醫診治，皆不知是何症候，不上兩日，即便死去，時年四十七歲，從蜀中來到汴京，不過七天工夫。

太祖聞得孟昶已死，爲之輟期五日，素服發喪，贈布帛千匹，葬費盡由官給，追封爲楚王。花蕊夫人全身縞素，愈顯得明眸皓齒，玉骨珊珊，太祖便乘此機會，把她留在宮中，逼令侍宴。花蕊夫人在這時候，身不由己，也只得宛轉從命。飲酒中間，太祖知道花蕊夫人能詩，在蜀中時，曾作宮詞百首，要她即席吟詩，以顯才華。花蕊夫人奉了旨意，遂立吟一絕道：「君王城上樹降旗，妾在深宮哪得知；十四萬人齊解甲，更無一個是男兒。」

花蕊夫人本是個天生尤物，飲了幾杯酒，紅雲上頰，更覺嫵媚動人。數杯酒後，太祖便把她摟抱在懷，盡情調弄。碰著花蕊夫人又是帶羞含嬌，若接若離，滿臉泛著紅雲，一陣陣只是香喘，把個太祖愈弄得神魂飛越，情不自禁。於是罷酒撤肴，把花蕊夫人擁入寢宮，盡其歡樂。

這花蕊夫人，床第之間工夫極好，服侍得太祖心酣意暢。到了次日，即冊立爲貴妃。花蕊夫人既順從了太祖，又受封爲妃，少不得拿出在蜀中引誘孟昶的手段來引誘太祖，每日裏歌舞宴飲，取樂不已。

花蕊夫人自入宮冊立爲妃後，太祖臨幸無虛夕，每一退朝，便不往別處，專來和她作樂。這日退朝略早，徑向花蕊夫人那裏而來，步入宮內，見花蕊夫人正在那裏懸著畫像，點上香燭，叩頭禮拜。太祖不知她供的什麼畫像，即向那畫像仔細看視。只見著一個人，

端坐在上，那眉目之間，好似在何處見過一般，急切之間，又想不起來，心內好生疑惑，遂問花蕊夫人道：「妃子所供何人，卻要這樣虔誠禮拜？」

花蕊夫人不意太祖突如其來，被他瞧見自己的秘事，心下十分驚慌，又聽得太祖追問，便鎮定心神道：「此即俗傳之張仙像也，虔誠供奉可以得嗣。」

太祖道：「供奉神靈，乃是好事，況且妃子又為虔求子嗣起見，儘管打掃靜室，供奉張仙便了。」其實花蕊夫人與蜀主孟昶相處得十分親愛，自從孟昶暴病而亡，她被太祖威逼入宮，勉承雨露。雖寵冠六宮，心裏總拋不了孟昶昔日的恩情，所以親手畫了孟昶的像，背著人私自禮拜。不料被太祖撞見，追問原由，便詭說是張仙之像，供奉著虔誠求子嗣的。太祖非但毫不疑心，反命她打掃靜室，虔誠供奉，以免褻瀆仙靈。

花蕊夫人於是收拾了一間靜室，把孟昶的像高高懸起，每日裏焚香點燭，朝夕禮拜，十分虔誠。那宋宮裏面的妃嬪，聽說供奉張仙可以得子，哪個人不想生下個皇子，以為後來富貴之地，都到花蕊夫人宮中，照樣畫了一幅，前去供養起來。從此這張仙送子的畫像，竟從禁中傳出，連民間婦女要想生抱子的，也畫了一幅張仙，香花頂禮，至今不衰。這真是孟昶死了還走著桃花運。後人有詩詠此事道：「供靈詭說是靈神，一點癡情總不泯；千古艱難惟一死，傷心豈獨息夫人。」

太祖自孟昶來至汴京，曾在汴河旁邊新造的邸第，五百多間大廈，賜他居住。現在孟

昶母子俱已亡故，花蕊夫人又復入宮，便命將邸第中的東西收入大內。侍衛們奉了旨意，前去收拾，連孟昶所用的溺器也取了回來，呈於太祖。原來孟昶的那溺器，乃用七寶鑲成，式樣精巧，名貴無匹。估估它的價值，當不止十倍於連城之璧！侍衛們見了，十分詫異，不敢隱瞞，所以取回呈覽。

太祖見孟昶的溺器也這樣裝飾，不覺嘆道：「一個溺器也用七寶鑲成，更用什麼東西貯食物呢？奢侈到這樣，哪得不亡國！」遂命侍衛將溺器撞碎。

太祖因中宮久虛，擬立花蕊夫人爲后，便與趙普密議。趙普說，亡國之妃不足母儀天下，這才作罷。太祖曾有金匱之盟傳位光義的事，花蕊夫人心裏很有些替德昭不服，常常在太祖面前說：「皇子德昭很有出息，將來繼承大統，必是有道明君。陛下萬不可遵守遺詔，捨子立弟，使德昭終身抱屈。」趙光義得知，深恨花蕊夫人，一心要將她治死。在一次宮廷圍獵中，被趙光義一箭射死。

春聯的由來

傳說上古時，有兩兄弟，一個叫神荼，一個叫鬱壘，住在東海度朔山上，兩人常站在大桃樹下檢閱百鬼。對於無故害人的惡鬼，就用繩索綁起來，去餵老虎。後來，人們或用兩塊桃木板立在門旁，或用紙板畫上神荼、鬱壘的像，用來鎮邪，稱為門神。這就是桃符的來歷。到五代時，後蜀國君孟昶才開始在桃符上書寫聯語。有一年除夕，他親自題寫了一副春聯：「新年納餘慶；佳節號長春。」貼在臥室門側，這就是我國最早的春聯。

命斃後宮的江山

後唐莊宗與皇后亡國秘事

李存勗（八八五年至九二六年），李克用之子。他以勇猛聞名。開平二年（九〇八年），李克用病死，李存勗繼承其父李克用遺志，不但打敗契丹，攻破燕地，並且消滅後梁，統一北方。九二三年稱帝，國號唐，史稱後唐。

五代時，後唐莊宗李存勖承先父李克用的遺志，滅僞燕，掃後梁，走契丹，三矢報恨，建國號大唐，成爲傲視天下的一代英雄。滅了後梁，莊宗以爲已經「於十指上得天下」，從此可以高枕無憂，於是開始耽於逸樂。

莊宗的第三位夫人劉氏是魏州成安人，家世寒微，其父靠給人看病和算命生活，自號

劉山人。當初李克用攻魏時，裨將袁建豐掠取劉氏。當時她年紀只有六七歲，生得聰明伶俐，嬌小風流。李克用愛她秀慧，將她帶入晉陽侍奉太夫人曹氏。

太夫人教劉氏吹笙，她一學就會，所有歌舞諸技，無不心領神會，曲盡微妙。轉瞬間已將及笄，更長得異樣美妍，天生一個尤物。

莊宗經常去問候母親，一次在酒宴上，莊宗自起歌舞，太夫人命劉氏吹笙助興。旋律悠揚宛轉，姿態楚楚動人，不疾不徐，正與歌舞節拍相合。莊宗深通音律，又見她千嬌百媚，嬌羞纏綿，不知覺呆呆地注視了半天。太夫人便在酒宴後把劉氏賜與莊宗為妾。莊宗喜不自勝，當下將劉氏載入後宮，當夜在龍床上，劉氏極盡媚態，惹得莊宗欲罷不能。

當時莊宗的正室，依次為衛國夫人韓氏，燕國夫人伊氏。劉氏得幸後，作為三房，封為魏國夫人。不久劉氏生子李繼岌，相貌與莊宗很像，很得莊宗歡心，劉氏因此越加專寵。

劉山人聽說女兒已貴顯，於是喜滋滋地入謁宮廷，自稱是劉氏的父親。莊宗令袁建豐審視，建豐說當初得劉氏時，曾見過這個黃鬚老人挈著劉氏。然而劉氏正與嫡夫人爭寵，雙方都以門族自誇，劉氏恥為寒家，這時當然死活不肯承認，並且大怒說：「妾離鄉時，多少已經能夠記事，妾父已死於亂兵中，妾曾慟哭告別，哪裡來的這田舍翁，竟敢冒稱妾父！」於是將劉山人鞭笞了近百下。

劉山人老邁龍鍾，哪裡挺得住，昏暈了一天才慢慢蘇醒，原指望從此有享受不盡的榮華富貴，不料卻如此下場，懷著一肚委屈大哭而去。

莊宗整日不是出外遊畋，就是深居宴樂。劉氏善歌舞，莊宗爲了取悅劉氏，曾自敷粉墨，與優人一同在庭中演戲。優人呼莊宗爲「李天下」。莊宗也以「李天下」自稱。劉氏苦於自己出自寒門，特別忌諱有人提起她父親。

莊宗有一次竟扮成劉山人，穿襤褸的衣服，背著皮囊藥箱，讓兒子提著破帽子隨在身後。去劉氏的寢宮，口裏不停地念：「劉山人看女兒來了。」劉氏正在睡覺，見此氣得發抖，就鞭笞兒子出氣，連李存勖也給轟了出去。一時宮裏傳爲笑料。

劉氏愛看戲，動輒召伶人入宮演戲。諸伶人出入宮掖，侮弄搢紳。群臣對伶人都側目而視，惟恐得罪。有的大臣借依附伶人以取媚深宮，四方藩鎭爭著賄賂伶官。最有權勢的伶官景進，平時密探民間瑣事，莊宗恃爲耳目。朝廷上下都怕其權威。連位居三司使的孔謙見了景進，都要恭敬地稱「八哥」。

一次，莊宗召幸了梁妃郭氏，醋意大發的劉氏與莊宗鬧得不可開交，莊宗只好遣梁妃入庵爲尼。可惜了梁妃白白被莊宗佔用了玉體，卻得了這麼一個下場。劉氏還怕莊宗藕斷絲連，定要莊宗將梁妃遣發遠方，莊宗便命內侍將梁妃送去洛陽，終身爲尼。

宋州節度使袁象先入朝，用輦車載了數十萬珍寶，先送劉夫人，接著才給莊宗，於是得到了宮廷稱譽，莊宗將他賜名為李紹安以示寵幸。此後，奸佞之輩皆暗中重賄劉氏以求高位顯爵。

劉氏本想作皇后，只是上面還有韓、伊兩位夫人，一時不能越次冊立，劉氏便囑使伶人宦官在外運動大臣。大臣都認為劉氏出身寒賤，且好興利聚財，不可以為天下母。郭崇韜位兼將相，為人剛直，平常嫉視伶人宦官。有人對郭崇韜說：「為公計畫，不如請立劉氏為后。劉氏專寵，主上早有意冊立，惟恐公不肯相從。今公能先行陳請，上結主歡，內得後助，雖有千百讒人，也無從撼公了。」郭崇韜也有所心動，於是上書請立劉氏為皇后。

莊宗十分欣慰，立即冊劉氏為皇后，封皇子李繼岌為魏王。從此宦官依恃劉后，多為諸道監軍，伶人陳俊、儲德源也當了刺史。租庸副使孔謙兼任鹽鐵轉運副使，凡朝廷所免的賦稅，他照仍舊徵收。以後凡是朝廷的詔令，百姓以為是只說不做，都不再相信。按例稅收應收入國庫，劉后則將稅收一分為二，一半進入自己的小金庫。劉后越發變本加厲聚財斂物，派人在市肆中販賣薪蔬果茹，賤買貴賣以從中牟利。

契丹入侵，莊宗命李嗣源出鎮成德軍。李嗣源因家屬在太原，請求莊宗授他的兒子李從珂為北京內牙指揮使，以好照顧家屬。莊宗恨他為家忘國，竟遣出李從珂，令他率數百人戍石門鎮。李嗣源聽到從珂被黜，不免疑上加疑。莊宗曾與嗣源有富貴與共的約定，此

時李嗣源並無異志，卻無端激起他的疑心。

契丹被擊退後，莊宗又肆志畋遊，耽於聲色，他經常與劉后私幸大臣家裏，連夜酣飲取樂。他最常去的是張全義家。張全義原是後梁的降臣，他的妻子、女兒、媳婦以爲梁主朱溫侍寢而爲人詬病。張全義獻給劉后無數金銀珠寶，劉后十分感動，自想母家微賤，不免被其他妃妾暗中輕視，不如拜張全義爲養父，也可以給自己臉上抹光。於是對莊宗說自己幼失雙親，願父事張全義。莊宗慨然允諾。劉后就乘夜宴時，請張全義上坐，行父女禮。張全義哪敢受皇后的行禮，急忙閃避。劉后令隨從宦官強按張全義入座，然後亭亭下拜，張全義只好受了禮。但這禮不是白受的，隨後即搬出許多稀世珍寶贈獻劉后。劉氏爲貪圖財物認人作父，可以說亙古未有。

有宦官詐稱宮中空屋太多，夜裏有鬼怪遊蕩。莊宗便命諸宦官遍擇民間美貌女子三千多人充入後宮。同光三年，他從魏州回到洛陽，搶掠魏州婦女千餘人，「載以牛車，累累盈路」。其中有一個女子生得天資國色，被莊宗愛幸，並生下一個兒子。劉后妒意難忍。正好元行欽妻子去世，莊宗召他入宮，賜宴爲他解悶。席間對元行欽說：「卿當復娶，朕願助卿聘一美婦。」劉后立即召來莊宗的美姬，對莊宗說：「陛下憐愛行欽，何不將此女爲賜？」莊宗一時說不出話，但又不敢惹劉后，只好假裝答應。不料劉后催促元行欽拜謝，一邊即囑令宦官以一肩乘輿，將那美姬抬入元行欽私第去了。莊宗因此愀然不樂，好幾天稱疾不吃飯。

劉后信佛，也勸莊宗信奉佛教。有個五臺山的僧人叫誠惠，說自己能降伏天龍，呼風使雨，以前經過鎮州時，王鎔對他沒有禮遇，誠惠忿然說：「我有毒龍五百，若現在遣一龍揭起片石，恐州民皆成魚鱉了！」第二年，鎮州發大水，漂壞了城牆，於是時人稱他爲神僧。莊宗請他進宮，自率后妃下拜，誠惠端然坐在高處。莊宗將他留居別館，誠惠乘閒暇出遊，百官在道旁相遇，都不敢不拜。只有郭崇韜相見不過拱手，誠惠也傲不還禮。

適逢洛陽大旱，連續幾天不下雨。郭崇韜借機請莊宗讓誠惠祈雨。誠惠築壇齋醮，每天登壇誦咒，念念有詞。只是龍神不聽令，不但沒求得一滴雨，豔陽高照，反而更加炙熱了。郭崇韜指摘他禱雨無驗，打算在壇下積薪將他焚死。有人報知誠惠，嚇得誠惠神色倉皇，乘夜色遁去。莊宗及劉后還不住地自責信佛不誠，不能留住高僧，深爲悔恨。

李嗣源帶兵在外，被將士擁立反叛。起初李嗣源不願反叛，屢次上表申訴，都被元行欽扣留。當時兩河南北屢發洪水，人民流徙失所，餓莩盈途。京師的財賦減收，軍糧不足，莊宗還整日與后妃田獵，衛士萬騎的飲食都讓百姓供給。可憐那些百姓已賣妻鬻子，啼饑號寒，哪裡還有一點錢財。因此輦駕所經過時，百姓萬室一空。衛士饑餓無食，以毀廬拆舍洩恨。地方官員也害怕得逃竄山谷。租庸使孔謙變本加厲地剋扣軍糧，莊宗反而下詔預徵明年夏秋租稅。

後唐連年征戰，國庫漸漸空虛，但後宮卻有堆積如山的財物。同光三年天下大旱，饑民多流亡，老幼弱殘餓死者道路以目；租賦收得少，洛陽的倉廩已空竭；甚至連兵士也典妻賣子以求一線生機。朝臣怕激起兵變，請莊宗發內帑犒軍，莊宗意欲准奏。劉后氣憤地對莊宗說：「我夫婦君臨天下，雖借武功，亦由天命，命既在天，人不足畏了！」（《資治通鑑》後唐紀中有這樣的小注：「紂責命於天，紂所以亡，未聞妲己有是言也。」意思是，就算妲己也沒說過劉后這樣的無恥話。）於是莊宗停詔不下。

宰相諸臣又親自去對莊宗勸諫。劉后在屏風後竊聽，聽到大臣都堅執前議，她便令宮人取出妝奩、銀盆三件及皇幼子三人，送至莊宗前，豎起兩道柳眉，帶嗔帶笑說：「地方貢物賞賜已盡，宮中只有此些，請宰相把這些都賣了當軍餉吧！」莊宗聽後不禁臉上色變，宰相諸臣都瞠目結舌，惶懼而退。

李嗣源反叛的警報傳來，莊宗令指揮使白從暉守洛陽橋，又取出內府的金帛賞賜諸軍，軍士詬罵說：「我們的妻子兒女都已餓死，還要這金帛何用？」莊宗聽說，後悔已來不及。

莊宗親征李嗣源，一路上士兵陸續逃亡。莊宗神色沮喪說：「吾事不濟了！」於是遂下令退兵回朝。

待到了汜水，衛軍已逃去多半。路過罌子谷，莊宗對隨從好言慰撫：「魏王即將入

京，載回西川金銀五十萬，當全部賜給你們！」從官直言說：「陛下今日的慷慨已太遲了，就算拿到了也不會有人感激的！」莊宗又恨又悔，不禁流涕頤下。

他命內庫使張容哥取袍帶以賜從臣。張容哥才說出「頒給已盡」四字，衛士們一擁而上抽刀逐張容哥，大聲叱罵：「國家敗壞，都出在這群閹豎手中，還敢多說麼！」莊宗流淚勸止，才救了容哥性命。容哥私下悲憤地對同黨說：「皇后吝惜財物，現在歸咎我等，事若不測，我等必被碎屍，我不忍等著遭此慘禍！」不久張容哥投河自盡。

同光四年四月，李嗣源攻城在即，一度被寵幸的伶人郭從謙聚眾反叛，近臣宿將多半逃匿，莊宗冒險與亂兵格鬥，一箭飛來，正中莊宗面頰，莊宗痛不可忍，鷹坊人善友扶莊宗躺倒在絳霄殿廊下，拔去箭鏃，流血染紅了衣服。莊宗想喝一杯水，劉后命宦官送了一點酪漿，自己並不去探視。凡是被弓箭或兵刃所傷，感到又渴又悶，喝水或許還可以救活，喝酪漿則死得很快。莊宗被棄於殿下，流血而死。伶人善友斂樂器覆屍，放火將樂器及莊宗遺骸燒爲灰燼。

劉后聽到莊宗已死，也不去看一眼，她與莊宗的四弟申王存渥，及行營招討使李紹榮收拾金銀細軟，裝入馬鞍後的行囊，匆匆焚燒了嘉慶殿，引七百騎逃出西門。路上，李紹榮撇去劉后自逃性命，隨從也陸續不見蹤影，只剩下王存渥與劉后兩個，一路上晝行夜宿，歷盡了艱辛。

劉后怕王存渥也離她而去，索性獻身於存渥。王存渥見劉氏雖已三十餘齡，風韻不減當年，於是按下心與劉氏結成露水姻緣。逃至晉陽，王存渥被殺。劉后無處存身，只好削髮爲尼。不久，李嗣源遣人至晉陽殺死了劉后。

莊宗初即位時年僅二十四歲，當時與強敵朱溫對峙。莊宗「下令國中，禁盜賊，恤孤寡，徵隱逸，止貪暴，峻堤防，寬獄訟」，嚴格訓練軍隊，規定騎兵不見敵人不得乘馬，隊伍排好以後不得亂走，行軍期限確定後不得誤期，爲晉滅梁打下了堅實的基礎。《資治通鑑》認爲他和後來的後周世宗是五代十國最好的兩個皇帝。莊宗以沙陀部落精兵於馬上取天下，但是不懂治天下。滅梁後，莊宗稱帝才三年就死於叛亂，年僅四十二歲。歐陽修嘆惜李存勖「方其盛也，舉天下之豪傑復能與之爭；及其衰也，數十伶人困之，而身死國滅亡，爲天下笑。」所謂「近墨者黑」，有劉后那樣的妻子，不滅亡都不行了。

舊《五代史》評價劉后說：「昔三代之興亡，雖由於帝王，亦繫於妃后。故夏之興也以塗山，及其亡也以妺嬉；商之興也以簡狄，及其亡民以妲己；周之興也以文母，及其亡也以褒姒。觀夫貞簡之爲人也，雖未偕於前代，亦無虧於懿範。而劉后以牝雞之晨，皇業斯墜，則與夫三代之興亡同矣。」《北夢瑣言》亦云：「（劉后）與夫褒姒、妲己無異也。」其實劉后人格之卑污遠不及褒姒妲己。

黃金和榮耀的主人

印加帝國秘事

印加帝國（Inca），是十一世紀至十六世紀時，位於美洲的古老帝國，其版圖大約是今日南美洲的秘魯、厄瓜多爾、哥倫比亞、玻利維亞、智利、阿根廷一帶。首都設於庫斯科。其重心區域分布在南美洲的安地斯山脈上。

十幾個世紀前，在遙遠的南美洲有許多小國家，他們之間互相爭鬥不休，征伐不斷，誰也不服氣誰，誰也不諒解誰。但是，有一天，他們突然停止了爭吵，一個強大的帝國包容了他們，這就是印加帝國。

與其他一些歷史悠久的大帝國相比較，印加帝國只是個小弟弟。

印加人原是南美洲印第安人中的一支，又稱「印卡人」，在克丘亞語中是「王子」的意思，屬蒙古人種美洲支，使用克丘亞語。「印加」一詞現在一般泛指印加帝國或印加民族，可是這個詞原是對皇帝或皇族的稱號。「印加」的開國之君是一位叫做「印加·尤潘基」的印加部落的首領，他率領印加部族打敗了眾多對手，與西元一四三八年建立了一個帝國，開始了自己的統治，以後的國王就以「印加」作為自己的尊稱。

不過，關於「印加」一詞的解釋有點爭議，有人認為印加族是太陽之神的後裔。「印加」一詞意即「太陽之子」，故印加國君也被人尊稱為「印加」。印加真正的起源至今仍未有定論，現今一般以一四三八年印加王印加·尤潘基即位時為開始。

這位印加·尤潘基南征北戰，開啓了印加帝國的擴張之旅。此後歷代國君繼續征伐，不斷發動新的戰爭，相繼將秘魯和厄瓜多爾納入帝國的版圖，滅掉契姆王國。到十五世紀初第八代國君比拉科恰在位時，印加帝國已經成為南美洲不可一世的強國。也就是從這一時期起，印加帝國有了較為可信的歷史編年。

十六世紀初，帝國達到極盛時期，統治了東西最寬一千兩百多公里、南北最長四千多公里的大片南美洲土地，領土包括今天的哥倫比亞、厄瓜多爾、秘魯、玻利維亞、阿根廷和智利等多個國家的部分，帝國面積達九十萬平方公里，人口近千萬。

印加帝國是美洲印第安人最嚴密的政權。在帝國內，分為國王、貴族、僧侶、平民、

奴隸幾個等級。印加國王權威極高，被視爲太陽的化身，尊稱爲「印加・卡派克」，也就是太陽神偉大的子孫的意思。每當國王出巡時，子民們都須匍匐街道兩邊恭敬迎送。帝國分爲四大地區，各區由一名官吏治理，中心在庫斯科。其下又設萬戶、五千戶、千戶、五百戶、百戶等各級極爲嚴密的行政區域。

由於印加帝國國土狹長分散，不利於統治和管理那些分散各處的被征服者，所以國王們想出一套特殊的點子來分別加以管治。對那些便於管治的地區，國王僅僅在當地設立一些規章制度，按時收取賦稅。爲了以防萬一，國王往往會把當地首領的兒子送到首都押作人質；遇有不服管的地區，國王並不直接武力介入，而是把一些與之有矛盾的部族遷入該地，讓他們互相監視，國王則輕鬆控制。

與其他美洲文明比起來，印加帝國的整體控制極爲嚴密，王權高於一切，且無時不刻不顯現出它的影子。帝國內所有的子民都要隨時向國王提供無償勞動；在農村，農民們除了耕作自己的田地養家糊口外，還要爲神靈和國王專門耕作土地。

印加帝國存在時間並不長，但印加人在短短的時間內，創造出了與馬雅文明、阿茲特克文明共行於世的美洲印第安三大文明。下面讓我們簡單瞭解一下。

印加帝國的平民主要從事農業生產，種植馬鈴薯和玉米等，創建了複雜的人工灌溉系統。國王對農耕也極爲重視，每年春初都要親自象徵性地躬耕田疇，以示一年春耕的開

始。除了農業，平民還馴養駝馬、駝羊等，製陶和紡織技術也達到很高的水準，具有很高的金屬礦的開採和加工技術。

同馬雅人和阿茲特克人一樣，印加人在建築方面的天賦也極高。王都庫斯科城建於海拔三千米的高原上，城市裏有許多宮殿、神廟，全部都用巨石建成，建造技藝十分高明，嚴絲合縫，即便鋒利的刀片也難以插入。那時印加人還沒有鐵器和車輛，切割和運輸都困難之極，印加人用甚麼方法建造這些建築，至今還是個謎。庫斯科城還是整個帝國的交通樞紐，全國所有的道路都同往王都。

另外，作爲戰略要地的薩克薩瓦曼城和馬丘比丘城堡的建築也雄峻古奇，險要無比。其中的薩克薩瓦曼城是以一百噸重的石塊堆成的長五百四十公尺的三層城堡，後來的西班牙人將它稱爲「惡魔的傑作」。這些雄渾的建築歷經多次大地震，至今仍屹立在南美安第斯地區。

爲了對帝國各地進行有效的控制，及時傳遞資訊和調動軍隊，印加人在道路建築方面十分重視。他們在險峻的安第斯山區建造共長達兩萬三千多公里的驛道，將整個帝國很有效地扭結於一起。比如至今還保存完好的橫跨阿部利馬克河的繩索橋，長近五十米，是印加帝國最長的橋梁，這樣堅固而又方便的通道，在當時無疑會發揮至關重要的交通作用。

印加帝國的信使「恰斯基」十分有名，他們在帝國的城市鄉間跑來跑去，永遠不知疲

憊，速度也極為驚人，一般騎馬需要十幾天的路程，「恰斯基」僅需三天就能跑完。

另外，印加帝國獨創了自己的曆法，一年為三百六十五天，分成十二個月，每月三十天，每四年加一天，以冬至為歲首。不過，印加帝國卻沒有自己的文字，印加人往往通過一種叫「奎普」的結繩記事語來記錄歷史，記載重要的資訊。

西元一五二五年，印加國王伊納．卡派克病故，兩位王子為爭奪權位，展開血戰，全國分裂，國勢急劇衰弱。這樣，當一五三二年西班牙人皮薩羅進犯印加時，整個帝國弱小的像隻綿羊，顯得不堪一擊。不久，印加帝國瓦解，原來印加人的後裔分別形成了克丘亞人和艾馬拉人，散居到安地斯山脈各處。帝國消亡了。

永不停息的征服

馬其頓帝國秘事

馬其頓王國，是古希臘西北部的一個王國。其史上最輝煌的時刻，也就是亞歷山大帝國（馬其頓帝國），是由國王亞歷山大三世開創。亞歷山大帝國是歷史上繼波斯帝國之後第二個橫跨歐、亞、非三洲的帝國，其疆域東自費爾甘納盆地及印度河平原，西到巴爾幹半島，北至裏海和黑海起，南達印度洋和非洲北部。

一代豪傑大流士死於亞歷山大的懷中？

兩位爭鬥不已的帝國統帥最終以這樣溫柔的方式結束了他們的恩怨——亞歷山大大帝包容了他的對手。

正是這樣一位令人敬佩的傳奇人物創立了一個絢目多姿的大帝國。

亞歷山大最終創立的馬其頓帝國是世界歷史上第一個橫跨歐、亞、非三大洲的龐然大物。在不到二十年的時間裏，馬其頓兩代君主腓力二世和亞歷山大大帝將一個原本地處偏遠的馬其頓小國發展成爲了一個龐大的帝國，其疆域東自喜馬拉雅山的支脈和印度的西北邊陲，直抵西方的義大利，北從中亞細亞、裏海和黑海起，南達印度洋和非洲今日的蘇丹邊境與撒哈拉大沙漠，不可謂不大矣。

馬其頓本是希臘半島北部東北邊緣地帶的一個小國，不同於希臘諸小國貧瘠的土地資源，馬其頓地區有著肥沃的土地，養活著眾多的人口。馬其頓人屬於多利亞人入侵希臘時分佈於希臘北部的諸多部族之一，是希臘人的近親，但族屬複雜，文明的開化程度要低於其他希臘人，開化時間也較晚，因而在崛起成爲一個大型帝國之前，一直被希臘人視爲蠻荒之地。

西元前四世紀中期，馬其頓國王腓力二世執政，國家迅速崛起。腓力年輕時曾在希臘城邦底比斯做人質，還曾獲得過古希臘奧運會馬車賽的冠軍。由於他對希臘諸邦的情況有較深的理解，希臘人不再視他爲蠻族之王。腓力執政後，首先著手加強王權，消除部族首領的軍事割據，限制貴族議會的權力，將全部軍政財權集中到國王手裏。

西元前三三八年，馬其頓打敗底比斯、雅典、科林斯等城邦聯軍。第二年，腓力召集

各城邦開會，宣布希臘各城邦成立聯盟，爲進攻波斯做準備。西元前三三六年，腓力在他女兒的婚宴上遇刺身亡。王位由腓力二世年僅二十歲的兒子亞歷山大繼承，被稱爲亞歷山大大帝。

亞歷山大出身於馬其頓首都佩拉，亞歷山大繼承了父親驍勇善戰、母親性格剛烈智能過人的優點。他從小興趣廣泛又聰明勇敢，十二歲時曾馴服全馬其頓無人能夠駕馭的烈馬布盧法盧斯。

目睹此景，其父腓力驚嘆道：「我的孩子，征服屬於你的領土吧，馬其頓對你來說實在太小了！」

當父親腓力二世征服了希臘各城邦國，建立了統一的聯盟時，亞歷山大對母親痛苦地說：「他已經在各方面大大超越了我。」

後來，腓力爲亞歷山大請來了當時希臘最著名的學者亞里斯多德作老師。少年亞歷山大最喜歡的書是描繪古希臘特洛伊戰爭的荷馬史詩《伊利亞德》和《奧德修斯》。他一心嚮往《伊利亞德》中的英雄阿喀琉斯的豐功偉績，後來亞歷山大騎著心愛的馬兒布賽法魯斯到處遊戰，總不忘把荷馬史詩《伊利亞德》帶在身邊。

腓力二世被害後，被征服的希臘城邦紛紛起義，年輕的亞歷山大用兩年時間平息了暴動。隨後，亞歷山大利用父親打下的堅實政治軍事基礎，只用一年時間，就完成了以前幾

百年雅典、斯巴達、底比斯都沒有做到的事情，成為了整個希臘世界的領袖。並徵集了一支希臘聯軍開始遠征龐大的波斯帝國。

他的希臘聯軍，步兵以馬其頓方陣兵為主，騎兵以希臘帖撒里亞騎兵為主，還包括他最精銳的馬其頓近衛騎兵。美國軍事理論家杜普伊認為，馬其頓方陣是當時世界一項真正的軍事組織和戰術革命。

出征行前，他把自己的所有地產收入、奴隸和畜群分贈給人。部下迷惑地問道：「請問陛下，您把財產分光，給自己留下什麼？」

亞歷山大回答：「希望。我把希望留給自己，它將給我無窮的財富！」

西元前三三四年春，三萬五千名馬其頓士兵衝過小亞細亞，攻向波斯。

當時波斯軍力強盛，佔領著從地中海到印度西部的大片領土。波斯國王大流士在亞述河畔聚結了大批人馬，亞歷山大避實就虛，帶兵北進，用方陣巧妙地繞過了波斯軍隊，出其不意直搗黃龍，攻入大流士的帥營，捕獲了他的妻子和女兒。

看著大流士的豪華宮殿，亞歷山大讚不絕口：「這樣才像個國王！」不久，亞歷山大率兵在格蘭齊亞斯大敗波斯軍，次年他又在亞述大獲全勝。接著，亞歷山大南征敘利亞和腓尼基，派大將攻佔了大馬士革。隨後，他又率軍南下，經過七個月的艱苦戰鬥，攻下了中東文明古城推羅，將推羅城的三萬居民全部賣為奴隸。

圍攻推羅城期間，大流士三世派使者求見亞歷山大，願意出鉅款、割讓半個波斯帝國贖回其母和妻女，但亞歷山大毫不動心。

西元前三三二年，亞歷山大率軍攻向埃及。亞歷山大在切斷了波斯陸軍與海上艦隊的聯繫後，長驅直入。當時埃及不滿波斯帝國的強暴統治，視亞歷山大爲救星，亞歷山大被當時的埃及人崇拜爲神。馬其頓軍隊不費一兵一卒進入埃及，亞歷山大在地中海沿岸尼羅河三角洲西部建立亞歷山大城，以紀念他的偉大戰績。

在慶功的宴會上，亞歷山大分外興奮，他說：「英雄的偉大就在於不斷開拓疆土，不斷增加權力，盡情享受美味佳餚和少女美色。」

西元前三三一年，亞歷山大大帝再次東征。這次，大流士聚集了更多的兵力，包括重騎兵和大量戰車。波斯軍隊橫跨阿爾貝拉附近的大平原，騎兵隊從側翼包圍了亞歷山大的軍隊，並攻入了他的戰營，但亞歷山大身先士卒，勇猛地擊潰了波斯軍隊。阿爾貝拉之戰被稱爲歷史上最重要的戰役之一。隨後巴比倫投降，亞歷山大軍隊輕易地攻佔了蘇薩與波斯波利斯，跨過薩格羅斯山脈，追趕大流士及其殘兵。

西元前三二七年，亞歷山大又率軍離開中亞，南下侵入印度，佔領了印度西北部的廣大地區。他本想向恆河流域進發，征服印度的心臟地帶，但士兵們厭倦了長期戰爭，思鄉心切，加上印度的炎熱、暴雨和疾病，拒絕前進。亞歷山大的軍隊發生嘩變，印度的土著

居民也群起反擊。再加上從少年時代就隨同他征戰的戰馬布賽法魯斯暴死，使亞歷山大心灰意冷。萬般無奈之下，他在西元前三二五年下令撤出印度。

西元前三二四年初，分兩路撤回的軍隊在巴比倫境內的奧皮斯城會師。由於長途跋涉，部隊損傷極大。亞歷山大將巴比倫作爲新都，建立了一個龐大的帝國。在巴比倫，亞歷山大還整編了一支龐大的軍隊，將三萬波斯青年編入馬其頓部隊，並準備繼續遠征。他計畫侵入阿拉伯與波斯帝國北面的土地，還想再次入侵印度，征服羅馬、迦太基和地中海西岸地區。

但是亞歷山大大帝在次年得了惡性瘧疾，體質開始急速下降。當時亞歷山大並無子嗣，所以有一些部下開始盤算王位。他們衝入王宮，問亞歷山大誰配繼承他的王位時，亞歷山大大帝用微弱的聲音說：「世上最強壯的。」

發病十天後，亞歷山大就離開了世界，那年他僅三十三歲。

由於死亡的突然降臨，亞歷山大未明確他的接班人，導致王權的爭奪激烈。在鬥爭中，他的母親、妻子和兒女都被反對派殺死。其部將爲爭奪地盤，互相混戰。

西元前三〇七年，他以一人之力征服的龐大的馬其頓帝國分裂成四個部份，除了馬其頓本土和最遠的印度以外，亞洲部份由部將敘拉古繼承，這就是後世和羅馬帝國龐培，克拉蘇等人征戰不休的敘拉古帝國；埃及由部將托勒密繼承，這就是埃及的托勒密王朝，直

傳到後世和凱撒結婚的埃及豔后克麗奧佩特拉爲止。

遠征前，亞歷山大認爲只有希臘民族才是真正開化的文明，隨著東征，亞歷山大逐漸認識到其他各種民族也同樣具有傑出的智慧和才能，因而思想觀念發生了改變。亞歷山大的東征，開啓了東西方之間緊緊關閉的大門，影響至爲深遠。

腓力二世被刺秘事

腓力二世（前三八二～前三三六），馬其頓國王，亞歷山大之父。少時入質於底比斯，即位後施行幣制和軍事改革，政治上採用四處擴張計策，佔領愛琴海北岸一帶，繼而南侵希臘，並於西元前三三八年取得希臘領導權，在準備進攻波斯期間被刺殺身亡。

西元前三三六年的夏天，在馬其頓國舊都伯拉的王宮內，正在舉行一場規模宏大的婚禮，新娘是國王腓力二世的女兒克羅巴特拉，新郎是伊比魯斯的國王，也是新娘的舅舅。婚禮奢華而熱鬧，一切就緒，只等國王宣布婚禮的開始。

只見腓力二世身穿節日的白袍，沒有攜帶武器，喜氣洋洋地在一群喜慶的賓客的簇擁下走向禮堂。

就在腓力經過禮堂入口處時，突然一個士兵打扮的人從人群中衝了出來，拔出短劍向腓力二世的胸前刺去，國王未來得及躲閃就倒在血泊中。人們被這突發的事件驚呆了，王宮內一片混亂，而兇手則躍上早就準備好的馬匹逃跑，後因馬腿被野藤絆住，兇手從馬上摔了下來，很快被趕上來的人當場殺死。由於沒有了口供，馬其頓的英雄人物腓力二世的死因也就成了千古之謎。

後來經查證，兇手叫鮑舍尼亞期，是個年輕的貴族，傳說他曾受到貴族阿塔拉斯的侮辱，向國王腓力二世投訴，但由於阿塔拉斯是當時的國舅，因而腓力二世根本沒有理會鮑舍尼斯，於是憤怒的鮑舍尼斯決心刺殺腓力二世。當然，這只是事情的表面現象，它有更深的背景，那就是腓力二世在位時，曾進行了大範圍的改革，他的改革措施損害了馬其頓氏族貴族的權益，這些氏族貴族遂密謀刺殺腓力二世。

另一種意見認爲，刺殺腓力二世是其離異的妻子奧林匹婭斯的報復行爲。奧林匹婭斯出生於西元前三七五年，原是古希臘伊比魯斯國王的公主，後慕名嫁給了腓力二世，由公主而變爲王妃，並生下王子亞歷山大。

在長期的生活中，腓力二世對奧林匹婭斯的許多行爲產生了反感。如奧林匹婭酷愛

伊比魯斯的原始宗教，常常用蛇來進行她的敬神活動，許多蛇因此可以自由進入她的書房或臥室，這使腓力二世感到既恐怖又嫌噁心。而且，腓力二世的部下和馬其頓的一些貴族從內心根本看不起這位王妃，認爲這種「野蠻邊疆」的伊比魯斯的女人，沒有資格母儀天下。

當腓力二世寵愛奧林匹婭斯時，這些部下和貴族不敢在腓力二世面前說這位王妃的壞話，而當腓力二世遠離奧林匹婭斯的時候，種種不滿意見就出來了，這些外在的輿論對腓力二世產生了一定影響。

腓力二世在西元前三三八年，宣布與奧林匹婭斯離婚，準備另娶阿達拉斯將軍的侄女克麗奧佩特拉爲妻。這就進一步激化了他們之間的矛盾，使之矛盾公開化。

奧林匹婭斯對此懷恨在心，不得不帶著親生兒子亞歷山大回到伊比魯斯，希望得到弟弟伊比魯斯國王的支持。而腓力二世雖然決定與奧林匹婭斯離婚，但是不想破壞馬其頓與伊比魯斯的關係，竟然提出把他與奧林匹婭斯所生的女兒嫁給伊比魯斯國王。而伊比魯斯欣然應允了這門婚事。對此，使奧林匹婭斯更加惱羞成怒，決心報復腓力二世。

奧林匹婭斯刺殺腓力二世的另外一個原因，還是爲了保護自己的兒子亞歷山大。腓力二世自西元前三五九年繼承王位，至西元前三三六年遇刺身亡，其在位的二十多年中，幾乎都是在戰場上度過的。爲了幫助對其兒子亞歷山大的教育，除了請來當時世界一流的亞

里斯多德作爲教師外，他自己則很少過問。亞歷山大的成長受其母親的影響很深。

失去了腓力二世愛情的奧林匹婭斯，把自己的全部熱情都傾注在亞歷山大身上。而且奧林匹婭斯認爲自己王妃位置的丟失，使兒子亞歷山大王位繼承問題遇到了很大的障礙。所以從種種目的而言，奧林匹婭斯極有可能是這次謀殺活動的策劃者。

當亞歷山大繼承王位以後，奧林匹婭斯在兇手鮑舍亞斯的屍體上放置一頂黃金做的冠冕，並且厚葬。奧林匹婭斯對殺夫弑君的兇手不但不追究，反而如此給予禮遇，這種違背常理的做法更使一些學者堅持了上述看法。

還有人認爲，這一暗殺陰謀與亞歷山大有直接的關係。

亞歷山大與他父親腓力二世之間存在著深刻的矛盾，父子之間時常發生口角。在亞歷山大未成年時，他非常嫉妒父親的戰功，成年後，對父親與克麗歐佩特拉的結婚表現得尤爲突出與不滿。當腓力二世與克麗歐佩特拉舉行隆重而又熱鬧的婚禮時，亞歷山大險些與腓力二世短兵相接。事情的經過是這樣的：

在婚禮上，阿達拉斯將軍主動向腓力二世和他的侄女克麗歐佩特拉王后表示祝賀，並故意用話激怒亞歷山大，以此來羞辱奧林匹婭斯。他說：「希望國王能早日得到一個嫡子。」這句話觸痛了腓力二世，因爲他早就聽到流言說亞歷山大不是他的血脈。同樣，這句話也激怒了亞歷山大，他把手中的酒杯擲向了阿達拉斯，再喊一聲：「難道我不是合法

繼承人？」阿達拉斯當即拔劍衝向亞歷山大，只是又醉又氣，未等靠近亞歷山大，便一頭栽倒在地。

亞歷山大大聲嘲笑道：「快來看！這個傢伙還想從歐洲跨到亞細亞去哩，可是現在連一張椅子都跨不過去啦！」

此事發生後，亞歷山大在王位繼承上，一直對父親懷有疑心。後來在一樁與卡利亞王國聯姻問題上，使亞歷山大的這種懷疑更加深了。卡利亞王國位於當時的小亞細亞西南方，王儲有意把自己的女兒嫁給腓力二世的兒子，腓力二世答應了這樁婚事。然而，他並沒有讓長子亞歷山大去應婚，而讓亞歷山大的弟弟去應婚，亞歷山大認爲父親的這個做法是對自己的不信任，是一個把王位讓給別人的預兆。他私下裏對卡利亞王儲說自己的弟弟有生理缺陷，不配公主。腓力二世知道此事後，當面訓斥了亞歷山大，還放逐了亞歷山大的幾個朋友。此後不久，腓力二世就在女兒的婚禮上遇刺了。所以處於對自己王位的考慮，亞歷山大極有可能親自策劃了這場謀殺活動。而且，在亞歷山大繼承王位以後，他馬上宣布這件謀殺完全是出自波斯的國際陰謀，是爲了阻止馬其頓的東征而使出的手段。不過，這種冠冕堂皇的解釋卻不爲人們所接受。

刺殺腓力二世的主謀是誰，儘管人們對此有各種揣測、懷疑，但始終缺乏確鑿的證據。近年來，考古學家在希臘北部發現了腓力二世的墓葬，但沒有找到與刺殺有關的任何

資料。只能隨著大量考古資料的進一步發現，才能揭開這一千古之謎。

死有餘辜的暴君

金海陵王淫遍天下美色秘事

金廢帝海陵王完顏亮（一一二二至一一六一年），是金太祖完顏阿骨打之孫、遼王宗幹的第二個兒子。在位十二年，享年四十歲。海陵王在位期間，不但擴大皇帝權威，甚至於濫用權力，誅殺大臣；而且宮廷生活相當荒淫。紹興三十一年（一一六一年）出兵伐宋，采石大戰失敗，為將完顏元宜所弒。

金廢帝海陵王完顏亮，是遼王宗幹的第二個兒子。完顏亮為人善飾詐，僄急多猜忌，殘忍任數。皇統九年，弒金熙宗篡位，改元天德。

完顏亮既篡帝位，一面屠殺異己，宗室幾無子遺。完顏亮的嫡母徒單氏及生母大氏，

都成了太后。徒單氏居東宮，大氏居西宮，兩氏向來和睦。完顏亮弒金主亶時，徒單氏曾對他說：「主雖失道，人臣卻不應如此。」完顏亮十分不快。

徒單氏生日時，宮中大開筵宴，酒至半酣，大氏起座，跪進壽觴。徒單氏正與諸公主宗婦笑談，一時沒有留心，大氏長跪片時，徒單氏才看見，趕快起身受觴。完顏亮疑爲故意，拂袖而出。第二天傳召諸公主宗婦，詰問她們昨日何故笑語，並加以杖刑。繼而大殺宗室，把太宗子孫七十餘人一併屠戮，無一子遺。

海陵王初爲宰相，妾媵不過三人。及登帝位，淫志蠱惑，納諸妃十二位，昭儀至充媛九位，婕妤美人才人三位。他見叔母阿懶饒有姿色，便將叔父阿魯布殺死，據阿懶爲己妾，封爲昭妃。一面大興土木，改築燕京宮室，以安置妃嬪。宮殿遍飾黃金，加施五彩，金屑飛空如落雪。每一殿成，工費以億萬計，略不如意，即行拆除重造。

完顏亮的昭妃阿里虎，是駙馬都尉沒里野的女兒，生得妖嬈嬌媚。她未出嫁時，見其父沒里野常煉製美女顫聲嬌、金槍不倒丹、硫磺箍、如意帶等春藥，不知那些東西有什麼用處，就私下問侍婢：「這是什麼？有什麼用處？父親每天忙著弄這玩意兒。」侍婢說：「這是春藥，男人與婦人交合不能久者，則用金槍不倒或如意帶、硫磺箍等藥，取樂所用的。」

阿里虎懵懂地再問：「什麼是交合？」侍婢說：「雞踏雄、犬交戀，就是交合。」侍

婢為她繪聲繪色地描摹一番。阿里虎哂笑不已，情若不禁：「你從何處得知如此詳細？」侍婢道：「奴曾嘗此味，故得知備細。」

不多久，阿里虎嫁於阿虎迭，生了個女兒叫重節。重節七歲時，阿虎迭伏誅被殺。阿里虎不待喪禮完畢，就攜重節再嫁給宗室南家。南家善淫，阿里虎以父的驗方修合春藥，與南家晝夜宣淫。女兒重節熟睹其母的醜態，阿里虎卻也不避諱。

不久，南家病死。南家的父親突葛速時任南京元帥都監，知道阿里虎淫蕩。南家死後，就將阿里虎幽閉在家獨自受用，不讓她與外人相見。突葛速年老無趣，阿里虎心裏時常怏怏，她聽說海陵王好美色，非常傾慕。這時海陵王恰好亦在南京，就畫了一幅海陵王的圖像，題詩於上：「阿里虎，阿里虎，夷光毛嬙非其伍。一旦夫死來南京，突葛爬灰真吃苦。有人救我出牢籠，脫卻從前從後苦。」

題完詩封緘後，悄悄送於海陵王。海陵王素聞阿里虎的美貌，一見此圖，嘆息道：「突葛速得此美人受用，真當折福。」於是託人傳言突葛速，欲娶阿里虎。

阿里虎益嗜酒喜淫，海陵王恨相見太晚。數月後，封為昭妃。

有一天，阿里虎的女兒重節來看她，留宿宮中。海陵王突然來，看見重節年將及笄，姿色顧盼，不覺情動。但怕阿里虎阻撓，就高張燈燭，令室中輝煌如畫，與阿里虎及諸侍嬪裸逐而淫。重節聽到嬉笑聲，鑽穴隙窺。嬌聲顫語，絮聒於耳。重節神癡心醉，幾乎打

算開門同樂，最後還是羞縮不前。回去後，重節和衣擁被，長嘆不眠。

夜裏，海陵王敲門而入，曲意溫存，雲雨過後，海陵王見其嬌弱不勝苦楚，憐惜道：「朕將與你作通宵之樂，只是你母善吃醋，不要使她知道。」

海陵王出宮，即使重節居住在昭華宮，距阿里虎的居處很遠。重節見海陵王對自己很溺愛，就曲意承顏。海陵王一時冷落了阿里虎。半個月來，阿里虎欲火高燒，終日焦思，竟忘記了女兒重節還沒有出宮。

她命侍婢打聽海陵王在哪裡。侍婢回報說：「帝得新人，撇卻舊人了。」阿里虎驚道：「新人是誰？何時娶入宮中，我怎麼不知道？」侍婢道：「帝幸重節於昭華宮，娘娘怎麼不知？」阿里虎臉色紫脹，搥胸跌腳罵重節。侍婢勸道：「娘娘與女兒爭鋒，恐惹人笑。且帝性情燥急，禍且不測。」阿里虎說：「她父親已死，我早就再嫁他人，恩義久絕，我怕誰笑話。我誓不與此淫種俱生！」侍婢道：「重節年少，帝得之勝百斛明珠。娘娘年長，自當甘拜下風，何必無端地生氣。」阿里虎對侍婢的譏誚，愈加惱怒。

阿里虎去了昭華宮，重節正在理妝，走上前批其頰說：「你小小年紀，又是我親生女兒，也不顧廉恥，豈是有人心的。」重節也怒罵道：「老賤人不知禮義，不識羞恥。明燭張燈，與諸嬪求快於心。我踏此淫網，求生不得生，求死不得死。正怨你這老賤人只圖利己，造下無邊罪孽，怎麼竟反過來打我？」兩人扭做一團，眾多侍嬪從中勸釋。阿里虎忿

忿歸宮，重節大哭一場。

不久，海陵王見重節面帶憂容，臉上的淚痕猶濕，就問左右何故。侍嬪說：「昭妃娘娘批貴人面頰，辱罵陛下，因此貴人傷心。」海陵王大怒，遣人責讓阿里虎，阿里虎肆無忌憚，暗以衣服遺前夫南家的兒子。海陵王極爲惱怒，於是阿里虎逐漸寵衰。

海陵王宮中規定，凡諸妃的侍女皆服男子衣冠，稱作假廝兒。阿里虎身邊有一個叫勝哥的婢女，身體雄壯像男子，見阿里虎憂愁抱病，夜不成眠，知其欲火難耐，就買了一隻角先生（模擬性器官）用絨繩繫在腰間，對阿里虎說：「主上數月不來，娘娘心裏很苦罷。」阿里虎潸然淚下。

勝哥曰：「娘娘不必難過。主上不來，奴婢有一件東西，可爲娘娘消愁解悶。」

阿里虎愕然道：「你不過是一個女人，有何物可以消解我的愁悶？」

勝哥說：「奴婢雖是女人，卻有陽物，娘娘盡可爽心行樂。」

阿里虎笑問：「你難道是陰陽人？」

勝哥曰：「陰陽人雖可交媾，然陽物短小只戲玩小女孩。娘娘慣經風浪，些微小物，不過撓癢罷了，有什麼樂趣？奴婢的東西出自異國，來自異人，勝過秦代的大陰人嫪毐。」

阿里虎一試果然妙不可言。她抱著勝哥說：「你真是我的再世夫妻啊。」從此與勝哥

同臥起，日夕不須臾離。

有個廚婢密告海陵王說：「勝哥是男子，與昭妃不苟。」海陵王曾幸過勝哥，知道她不是男子，不以爲意，只使人告誡阿里虎不要懲罰廚婢。阿里虎卻恨廚婢洩密而打死了她榜殺之。海陵王聽說昭妃那裏有人死了，猜到是那個廚婢，他說：「若真是廚婢，我必殺阿里虎。」那個月是太子的生月，海陵王暫不行戮，徒單后又率諸妃嬪爲阿里哀求，才得免死。勝哥畏罪喝毒藥而亡。

阿里虎聽到海陵王將殺己，又見勝哥先死，也絕粒不食，每天焚香籲天，祈求免死。一個月後，海陵王乃使人縊殺阿里虎。從此也不再去昭華宮，出重節爲民間妻。

桑妃彌勒雲鬟奇冶，粉黛鮮妍，天生的國色，十歲時曾與鄰居之子哈密都盧私通。海陵王聽說彌勒美貌，派禮部侍郎迪輦阿不去汴京接彌勒入宮。

迪輦阿不是彌勒的姐姐擇特懶的丈夫，長得風度翩翩。他一見彌勒便動了淫心。不料彌勒因久別哈密都盧，欲火甚熱，見迪輦阿不生得卓然不群，心裏便有幾分相許。彌勒詐言夢見鬼魅，夜半喊叫不止，相從諸婢沒辦法，只得請迪輦阿不去看，果爾見效。於是遇晚便同席飲食，蜂忙蝶戀無所不至。

迪輦阿不以爲彌勒還是處女，惴惴然惟恐被海陵王見罪。一路上朝歡暮樂且不說，海陵王見到彌勒欣喜不勝。但一夕過後就知道不是處女了。隔日，海陵王召迪輦阿不妻擇特

懶入宮亂之，笑說：「迪輦阿不善蹚混水，朕亦淫其妻以報之。」

崇義節度使烏帶的妻子定哥，眼橫秋水，眉若春山，說不盡的風流千態。海陵王作皇帝前就與定哥私通。後來海陵王即大位，烏帶還做崇義節度使。一天，定哥遣婢來朝。亮猛然憶及從前和定哥曾有夫婦之約，遂傳語定哥說：「自古天子亦有兩后者，你若能殺丈夫以從我，當以你為后。你若不忍殺夫，我將族滅你全家。」定哥大恐，便趁烏帶酒醉，令家人將他縊殺。

定哥入宮後，海陵王冊為貴妃。後來海陵王嬖幸愈多，定哥稀得一見。一日獨居樓上，海陵王與他妃同輦從樓下過。定哥望見，號呼求去，且詛罵海陵王。海陵王假裝聽不見。定哥在家中本與俊僕私通，此時百無聊賴，將俊僕暗中納入，重敘舊情。海陵王得知此事，立將俊僕杖死，定哥亦賜令自盡。

麗妃石哥是定哥的妹妹，秘書監完顏文的妻子。海陵王與她私通，欲納入宮中，派人對完顏文說：「讓出你的妻子，不然我就不客氣了。」完顏文不得已，與石哥相持慟哭而別。海陵王將迪輦阿不妻擇特懶給了完顏文。

一日，海陵王與石哥坐便殿，召完顏文至前問他：「石哥入宮以來，你想不想？」完顏文說：「侯門一入深如海，從此蕭郎是路人，微臣豈敢再萌邪思。」不久封石哥為昭儀。正隆二年，進封麗妃。

昭媛察八，姓耶律氏，嫁堂古帶。海陵王聽聞她其美，強納為昭媛。察八見海陵王嬪御很多，且喜新厭舊，不得已勉意承歡，而心裏還思念著堂古帶。一天題詩一首，遣蕭堂古帶。詩云：「一入深宮盡日閒，思君欲見淚闌珊。今生不結鴛鴦帶，也應重過望夫山。」不久事洩，海陵王召堂古帶問詢。海陵王說：「這不是你的罪，罪在思念你的人，我為你結來生緣。」之後登樓，察八摔死。

濟南尹烏祿之妻烏林答氏風姿綽約，下詔令她入宮，烏林答氏與烏祿泣別道：「我若不去，必然累及於王，我此去定不失節，王請放心。」烏祿不禁大哭！烏林答氏遂上車北去，行及良鄉，即以所攜金剪，自刺而死。金主亮聞報，怒及烏祿，遂降他為曹國公。

有女辟懶，有丈夫在外。海陵王欲幸之，召之入宮。辟懶已經懷孕，海陵王命人煎麝香湯灌之，且揉拉其腹。辟懶欲保全性命，就乞求說：「待分娩後，再來侍陛下。」海陵王說：「若等到那時，則你的陰寬衍不可用了。」繼續揉墮其胎，直至流產。

有個市井無賴小人叫張仲軻，慣說傳奇小說，雜以俳優詼諧語。其舌尖而且長，伸出來可以舔著鼻子。海陵王將他留在左右，以資戲笑，即位後封為秘書郎。

海陵王與妃嬪雲雨，撤下帷帳，讓張仲軻說淫穢語以助興。或者讓他躬身曲背，襯墊著妃腰。妃嬪裸列於左右，海陵王裸立於中間，張仲軻以絨繩縛海陵王的陽物，牽扯而走，遇到仲軻駐足的妃子，就率意淫戲。有一女齠年稚齒，貌美而捷於應對。海陵王每每

與姬侍淫媾時，就把她讓給張仲軻。

海陵王曾召集侍臣聚在大殿，各露其穢處相比。最大者列爲第一，賞以宮女一人。中者列爲第二，賞鈔百錠。凡內殿賜飲，不論官爵崇卑，悉照等級列成班次，以爲笑樂。時人有歌謠：「朝廷做事忒興陽，自做銓司開選常，政事文章俱不用，唯須腰下硬梆梆。」

海陵王與妃嬪縱樂時，隨便擲一物在地上，使近侍圍成一圈盯視，不專心的就殺了。並告誡宮中給使男子，在妃嬪前抬頭看的刓其目。男子出入不得獨行，必須四個人一起。夜幕降臨後下臺階的處死，告者賞錢百萬。男女倉悴間互相撞到，先坦白的賞三品官，後說者處死，一起坦白的都不追究。

梁琉以閹豎事海陵王，曾構求海上仙方，修合媚藥，以奉海陵王。梁琉極言宋朝的劉貴妃絕色傾國，且江南多美婦人，宋朝宮中的吳皇后、劉貴妃皆美貌絕倫，精通翰墨，海陵王心內很是羨慕！平日又縱觀詩詞，曾見柳永作《望江潮》詞一闋，描寫浙江的杭州地方，風景清麗，山川秀媚。海陵王決意親自南征宋朝。

爲進攻宋朝而在江上造戰船，毀民舍取木材，煮死人膏作油。發兵南上時，群臣在後方立曹國公烏祿爲世宗，即位遼陽，遙降海陵王爲王。海陵王聽到了這個消息，召諸將北還。不料到了瓜洲，被手下大將殺死。

海陵王在位十餘年，矯情以御臣下，以破舊的被子裹身，以示近臣。或者衣服上打補

釘，專門讓史官看見。有時取軍士吃的陳米飯與精美的食物同時陳列，先吃軍士飯幾盡。有時見到民車陷泥澤，令衛士下去挽車。與大臣說話，動輒引古昔賢君以自況。讓大臣進直言，而大臣卻因爲直諫死。淫孌不擇是否骨肉，刑殺不問是否有罪。

《金史》評價說：「海陵智足以拒諫，言足以飾非。欲爲君則弒其君，欲伐國則弒其母，欲奪人之妻則使之殺其夫。三綱絕矣，何暇他論。至於屠滅宗族，剪刈忠良，婦姑姊妹盡入嬪御。方以三十二總管之兵圖一天下，卒之戾氣感召，身由惡終，使天下後世稱無道主以海陵爲首。」「智足以拒諫，言足以飾非。」是當年司馬遷在《史記》裏給商紂王的評語，《金史》毫不吝惜地給了海陵王完顏亮。

羸弱失氣節

父子兩君王同赴敵營乞降秘事

宋徽宗趙佶（一〇八二至一一三五年），宋神宗第十一子。宋哲宗無子，死後傳位於他，在位廿五年。是宋朝第八位皇帝。他具有相當高的藝術造詣，自創一種書法字體，後人稱之為「瘦金體」，另外，他在書畫上的落款是一個類似拉長了的「天」字，據說象徵「天下一人」。

宋徽宗趙佶於金人進逼汴京之際倉皇傳位於皇太子趙桓，翌年改元靖康，徽宗南奔，趙桓成為歷史上的欽宗。

在靖康元年，欽宗搜括開封市內的金銀貢獻於金軍，承認割讓北方太原等三鎮，金兵

方後撤，京師解嚴，太上皇徽宗回到汴京。不料在和戰未決間，金人捲土重來，不久京城淪陷，欽宗慟哭失措，金將黏沒喝、斡離不等要太上皇徽宗出去訂立盟約，群臣都面面相覷，束手無策。欽宗只好寫了降表，親自到金營求降。

黏沒喝、斡離不坐在床上，傳令讓欽宗入見。欽宗進來後俯身長揖，然後遞上降表。黏沒喝提出條件：割讓兩河，賠銀金一千萬錠，銀二千萬錠，帛一千萬匹。此時黏沒喝就是要天上的月亮，心膽俱裂的欽宗也會答應。黏沒喝便將欽宗釋放回宮，限期將索取的全部辦齊。

金軍的一切需求供應，都向宋廷索取。甚至還要宮女一千五百人，以充當軍中侍役（**說白了就是軍妓**），欽宗見宗社覆亡在即，何惜少女，即命宮門監如數選擇，造具名冊，送往金營。可憐那些宮女，恐出去被金兵糟蹋，整日哭泣不已，有的投繯自盡。

靖康二年元月，金人又來索取金幣。宋廷已黔驢技窮，哪裡去取無窮的金帛？金人不斷催促，後來竟派使者入宋宮賴坐在那裏不走（**像極今天的討債者**）。使者說若不給金幣，就讓欽宗親自去面談。欽宗命太子監國，自己第二次去了金營。

此時滿城皆爲金兵俘虜，欽宗若要不去，除非死殉社稷。等到了金營，黏沒喝立即將欽宗留住不放，作爲索交金帛的抵押。

汴京連日大風，陰霾四塞。欽宗在金營中，每天幻想著金帥突發善心讓他回宮。那邊

宋廷在搜括金銀，無論戚里宗室、內侍僧道、伎術倡優等家，一概掘地三尺，八天後得金三十八萬兩，銀六百萬兩，衣緞一百萬匹。黏沒喝以爲太少，於是宋廷繼續向民間搜刮，十天後，又得金七萬兩，銀一百十四萬兩，衣緞四萬匹。

黏沒喝大怒：「寬限這麼多日，只有這一點金銀，是不是欺負我？」提舉官梅執禮說搜括已盡，被金人一刀砍死，其餘的宋臣官各杖數百下，令繼續繳納。

黏沒喝宣布金主的命令，廢徽宗及欽宗爲庶人。迫令吏部尚書莫儔等入城逼徽宗、太后出城。徽宗將行，張叔夜入諫說：「皇上一出不返，上皇不應再出，臣當率勵將士，護駕突圍。萬一天不佑宋，死在封疆，也比生陷夷狄強許多。」徽宗嗟嘆數聲，打算覓藥自盡。都巡檢范瓊進來將藥劈手奪去，劫徽宗、太后、諸妃公主駙馬一齊乘牛車出宮。三千餘人的衣服都連結在一起，像牲口一般被金軍牽著。黏沒喝令徽欽二帝都換了胡服。

沿途帶去的東西，數不勝數，所有宋帝法駕鹵簿、冠服禮器、法物大樂、教坊樂器、祭器八寶九鼎、圭璧渾天儀、銅人刻漏古器、景靈宮供器、太清樓秘閣三館書、天下府州縣圖及一切珍玩寶物，都被金兵從汴京城內搜括去。二帝每過一城，就掩面號泣，徽宗自己所填的《燕山亭》詞中說：「天遙地遠，萬水千山，知他故宮何處？」凄涼到極點。

轉眼過了宋、金的界河。徽宗身旁有婉容王氏及一個公主，生得美麗無雙，被黏沒喝之子真珠看上。徽宗此時，連性命都不可保，哪裡還顧及妻女？只好割愛。真珠把這兩個

似花似玉的佳人載歸營中，朝夕受用了。有騎吏千戶幽西骨碌都因垂涎朱皇后姿容，時常挾著朱后共騎一匹馬，在馬上加以調戲，朱后只有掩面哭泣。

一天到了一條河邊，二帝及後宮嬪妃自離京後，還沒有洗過臉，這時看見河水澄清，四人方掬水洗臉，相視哽咽。

一個叫澤利的金官，安排酒食，與帝后共飲。澤利連喝幾杯，已有醉意，命朱皇后唱歌侑酒。朱后說自己不會。澤利大怒：「你性命在我手中，怎麼敢說不會？」朱后不得已，邊流淚邊唱。澤利拽著她的衣裙要拉她同坐，朱皇后不從，被澤利當眾用鞭子在地上抽了幾百下，徽宗在一旁嚇得臉色煞白。

到了金都，黏沒喝、斡離不先令徽、欽二帝穿著白色的衣服，謁見金太祖阿骨打廟。隨後在乾元殿見金主。金主封徽宗爲昏德公，欽宗爲重昏侯，幽禁在韓州。後來遷居五國城。北宋自太祖開國，傳至欽宗，共一百六十七年至此而亡。

宋高宗趙構建立南宋。紹興（宋高宗年號）五年四月，徽宗崩於五國城，時年五十四歲。到紹興三十一年，欽宗也病死在五國城。欽宗在位僅二年，被擄後，居金三十餘年，時年六十一歲。

宋徽宗是個難得的有才華的皇帝，他的書法獨樹一幟，清瘦、峻刻，呈硬線條的秀姿，號稱「瘦金體」。有關徽宗才華出眾的記載俯拾即是，《北狩行錄》云：徽宗「天資

好學，經傳無不究覽，尤精於班史，下筆灑灑，有西漢之風。」《畫鑑》云：「徽宗性嗜畫，作花鳥、山石、人物，入妙品，作墨花、墨石，間有入神品者。歷代帝王畫者，至徽宗可謂盡意。」當時高居相位的蔡京就是一位大書法家，君相二人經常研論書藝。朝廷上下沉浸在一片紙醉金迷的氣氛中。

而蔡京以「享用侈靡」而聞名。他「喜食鶉」，「一羹數百命，下箸猶未足」；喜食蟹黃饅頭，「一味爲錢一千三百餘緡」。他喜焚香熏衣，居室之中「滿室如霧」，「衣冠芬馥」。其「名園甲第亞於宮禁」，宅第之中，姬妾成群。蔡京個人的享樂本不必譴責，況且處於他那個地位也有資格享樂，但過於沉湎於此，治國的精力不免會打折扣。

徽宗以風雅自賞、揮金如土，奸佞適其所好。徽宗講求奢華，盡享聲色狗馬宮室苑囿之樂，在宮中樂久生厭，便出宮微行嫖妓。當初徽宗即位前，章惇反對說：「端王輕佻，不可以君天下。」章惇也許一生沒做過什麼好事，但這句評價可謂入木三分。

徽宗所信任的大臣如童貫之流，勾心鬥角、荒淫玩樂皆登峰造極，但一遇帶兵打仗便無能之極，宋代周密《齊東野語》記載了這樣一件軼事：

宣和年間，童貫帶兵去「收復」燕京，打了敗仗逃回來。有一天宮中演劇，出來三個女僕，梳的髻兒都不一樣。頭一個梳的髻兒在前面，說是蔡太師家裏的。第二個梳的髻兒在旁邊，說是鄭太宰家裏的。第三個滿頭都是髻兒，說是童大王家裏的。問她們爲什麼這

麼梳，蔡家的說：「我們太師常常朝見皇上，我這個髻兒叫做朝天髻。」鄭家的說：「我們太宰已經告老，我這個髻兒叫做懶梳髻。」童家的說：「我們大王正在用兵打仗，我這個是三十六髻。」這是用「髻」諧「計」。「三十六計，走是上計」以嘲諷童貫。

至於欽宗在位時間短，已無力挽回北宋滅亡的步伐，即使有挽回的機會，也不是他那樣懦弱的性格可以勝任。

但北宋王朝迅疾覆滅，原因相當複雜，若歸於單純的個人原因，就會使問題簡單化。斡離不進軍開封之際，兵力不過六萬，北宋各方召集勤王之師，號稱二十餘萬。只是和戰之計倉皇未決，以致人心瓦解。北宋的人口即便是極粗率的估計，也應當在一億以上，而常備兵經常在百萬以上。可以說投鞭足以斷流。而當時圍汴京的金軍只有六萬。然而宋逢戰必敗，有宋一代，對於周邊少數民族宋朝一直處於弱勢，所有這些不是徽欽二帝軟弱可以解釋的，因爲宋太祖、太宗這樣有作爲的皇帝同樣一籌莫展。太宗攻遼三度失敗，而當時契丹兵不超過十萬，但燕雲十六州仍屬遼國，一而再、再而三地喪師使宋朝對外愈變愈卑遜，從「奉之如驕子」到「敬之如兄長」，以至「事之如君父」，在歷史上統一朝代中最爲衰弱。

我們可以舉這樣一個例子，明末清兵南下有「揚州十日，嘉定三屠」的悲劇，據揚州大屠殺的親歷者記載，當時若幾百個揚州百姓遇到只有一個清兵，那麼多人竟沒有一個敢

於反抗的，甚至逃跑求生的勇氣都沒有，跪在地上被那一個清兵挨個砍死。日軍侵華時也有類似的事情。民族性格是重要原因，蓋華人都有以順從求得同情的本能心理。不過社會制度本身也是極爲關鍵的所在。宋代冗官、冗兵太多，已成爲尾大不掉的沉重負擔，和平時期不過多花些錢養活他們，但危難時就不是錢的問題了。

號稱幾十萬士兵其實際人數不過幾千，其餘都是靠領取餉銀的名字。以難民爲兵，以囚徒爲兵，在兵士的面上黥字、臂上刺字以防止逃亡，以致兵員素質、士氣及戰鬥力都極低。器械也是濫竽充數。神宗設軍器監，原望提高並標準化兵器品質。其所製「神臂弓」，實爲強弩，以兩種木材併合製成，絮弦也用絲麻兼用，據說對付騎兵有實效。但是各方請求樣本，軍器監就說運輸不便只以樣圖交付算數。還未交戰，可能兵器就折斷了，兵不知將，將不知兵，而且將領之間互不統屬，致使宋兵沒有任何紀律目的，往往一觸即潰，畏敵如猛虎。宋臣繪事中，李鄴當時曾說「（金國）人如虎，馬如龍，上山如猿，入水如獺，其勢如泰山，中國如累卵。」李鄴因而被稱作「六如給事」。但他說的卻是實情。

洪邁曾嘆息：北宋「以堂堂大邦，中外之兵數十萬，曾不能北向發一矢、獲一胡，端坐都城，束手就斃！」徽欽二帝赴金營確實不得已，降亦死不降亦死，大概投降或許還因敵方的憐憫而死裏偷生。人格萎縮一至於此，徒令後人扼腕嘆息。

宋徽宗強調繪畫的第一要件是「寫實」。他對於畫院的花鳥畫，特別強調描繪對象的自然真實，例如：他要求畫月季花時，必需表現出春夏秋冬四季的不同；又如有一次他讓學生畫孔雀，多數人畫得不能令他滿意。他告訴學生說：「畫孔雀升墩，孔雀是先舉左腳，而你們畫的都是右腳。」由此可知，宋徽宗對事物的觀察入微。所以，徽宗時期畫院的花鳥畫受到此一要求的影響，多崇尚細膩生動的畫風。

第二是詩意入畫。徽宗要求作畫時要有詩意。最明顯的例子，便是畫院以科舉選拔畫家的考試時，以古詩作為考題。考試中許多生動有趣的命題例子正好說明了這種美學情趣。如：考題「踏花歸馬踏香」，獲第一名者，畫了一群蜜蜂，蝴蝶追逐馬蹄；「野水無人渡，孤舟盡日橫」，獲得第一名者，畫一名渡手俯臥船尾，橫笛放在一旁，表示無人搭舟的悠閒景象；「亂山藏古寺」的中選者，不畫古寺，只在亂山中微露一支幡竿，表示古寺隱藏其中。

因此他的花鳥畫刻劃入微，成就非凡，獲得「妙體眾形，兼備各法」的美譽。

明武宗窮奢極欲秘事

明武宗朱厚照（一四九一至一五二一年），明孝宗的長子，明朝第十位皇帝，年號正德。兩歲即被立為皇太子。他天性聰穎，但是極好逸樂，縱情於聲色犬馬。他在宮外建了一座「豹房」居住，親自訓練虎豹，並甄選大量美女置於其中，供其逸樂。後崩於豹房，終年僅三十一歲。

明孝宗駕崩，太子朱厚照繼位，是爲武宗，改明年爲正德元年，武宗是明代君主之中最具風味的人物。武宗爲東宮太子時，太監劉瑾便常弄些鷹犬鳥獸進宮，以博武宗的歡心。武宗繼位，便封劉瑾爲司禮監。劉瑾欺武帝年幼，便乘間廣植勢力，欺凌大臣，漸漸

地干預政事。武宗對所有奏疏，只批「聞知」兩字。

劉瑾找了幾十個女伶人，進獻宮中。武宗的資質很聰敏，只學得一兩個月，便能引吭高歌。唱戲日久有些厭煩，劉瑾又弄了幾十隻鐵嘴的神鷹，和蒙古種的最靈敏的獵犬，請武宗去郊外打獵。武宗高興極了，差不多沒有一天不去行獵，京城中人呼作獵戶皇帝。

正德二年，皇帝大婚。劉瑾暗中大結黨羽，宦官谷大用、魏彬、張永、馬永成、高鳳、邱聚、羅祥等都依劉瑾為領袖，時人並劉瑾號稱為「八虎」。

武宗自立后妃之後，於放鷹逐犬的事不甚放在心上，漸漸地縱情聲色起來。又常常帶了張永微服出宮，到那秦樓楚館之地陶情作樂。往往誤認良家婦女為娼妓，任意闖進門去，縱情笑樂。

武宗建淫樂之地豹房。裏面宮殿廓巷，庭院樓閣，錯綜成趣，水榭、假山樣樣皆全，富麗堂皇不亞於皇宮。豹房中的宮殿、皇帝的座下、榻下都接著機關，一遇危難，或搖動壁繩，或腳踩龍頭，便會有箭簇飛刀射出。座位下的暗室自動開啓，皇帝便可躲進去。暗室共有六處，均由暗道相通，這條暗道還直通宮中。這六處暗室，每處大小可容納二三十人，牆壁全由絲綢做簾遮掩，床櫃條椅一應俱全。室內還留有通風孔，裏面空氣新鮮，冬暖夏涼。兩邊廂房，一邊是為美女所建，粉屋、綠室各各不同。

最特別的是一間「樂室」，四壁與屋頂均嵌著鏡子，地下鋪著厚厚的錦被，專供皇上與諸女淫樂所用。四壁盡貼著些男女的裸體媾合的圖畫，都是《花營錦陣》、《風月機關》、《鴛鴦戲譜》中最淫穢的部分。有些竟如此大膽，把男女的私處表現得非常誇張。屋內有一張大床，可躺七八個人，床上錦緞繡被，甚是華麗。一遇危難，按動開關，地面便與兩扇門板一般開啓，鋪上的人滾入下層，地面合上。另一邊的廂房是爲豺狼虎豹奇珍異獸所建。

武宗令宦官選掖庭中美妙女子充實豹房，又令天下官員搜集珍奇異獸或兇猛的虎豹獻入宮中。武宗初入豹室，便宿在「樂室」，命兩個美女相陪。三人赤裸裸地在室內行樂。武宗開啓機關，三個人跌入下層，又開第二層的機關，又是撲通一聲跌入第三層。每層都鋪著厚厚的棉被。

武宗迷戀豹房，正是劉瑾勢焰薰天的時候，朝野士夫無不側目。內閣官僚個個恐懼劉瑾的權勢，擬寫諭旨時，總是先派人探聽劉瑾的意思，然後再下筆。官員的奏章要先送給劉瑾看，叫做「紅本」，然後上通政司轉內閣，叫「白本」。軍國大事都要先能過劉瑾再上奏。武宗已成了一個掛名的皇帝，掌實際權力的是劉瑾，時人稱其爲「劉皇帝」。

劉瑾權傾朝野，文武百官無人敢直呼其名，都稱他劉太監，有一次，都察院左都御史屠進在所上審殺重囚題本中，寫著「劉瑾傳奉」，這一下可惹了大禍。劉瑾看後，把題本摔在地上，大罵屠進膽大包天，有逆反之心。屠進聞知後，急忙帶著十三道御史前往請

罪，跪在劉瑾膝下，任他責罵，也不爭辯，也不敢抬頭仰視。劉瑾罵累了，便甩手而去。那些御史們還跪在當地，直跪得腰酸腿麻，才有那小太監出來傳劉瑾的話。這才手撐著地，戰戰兢兢站起身來謝恩而歸。另有一日，無錫邵二泉赴京奏事。邵二泉言語之間也帶出了劉瑾二字，劉瑾突然間暴跳如雷，嚇得邵二泉癱坐於地，遺尿於堂上。

劉瑾爲迎合武宗又修了太素殿、天鵝房船塢。在天鵝房船塢造了許多龍舸鳳艦，選些清俊的小內侍撐篙，又選民間芳齡二八的美女，唱吳歌於舟上。劉瑾聽說色目女人皮膚晰潤而豐滿，便命錦衣衛弄來十二人送入豹房。武宗降旨在京城公侯等家的色目女子中挑選豔者送入豹房。又叫劉瑾每天選送能歌善舞的樂工，到豹房歌舞唱戲，下令全國各地挑選優伶進京待召，每天進京的，數以百計。武宗自有豹房，日夜和一班美妓孌童宣淫。

武宗對佛經梵語很感興趣，經常自扮高僧，爲小太監們講經說道。命宮女扮作尼姑，親自爲其剃度。一個自稱慧能的僧人有異術，一夜御十女，次日晨，精神更加煥發，不見絲毫倦意。慧能原在山西五臺山濟善寺出家，只因與一位住持引誘良家婦女，日日姦淫，弄出了人命，惹了官司，這才逃了出來，改名慧能，四處遊蕩。他授武宗佛家雙修法，廣取少女淫戲，名曰「採補」。他告訴武宗。女子容顏美不美麗不是最主要的，花蕾未開的處女才好。武宗自從迷戀上採補之術，日日樂此不疲。慧能又搞來一些圖卷，引他觀看。書中專論採補之術。把女性分泌物稱爲三峰大藥：上曰紅蓮峰，中曰雙薔峰，下曰紫芝峰。

明代以前，好的春宮畫並不畫裸體，雖然有色情場景的畫，畫中人物全部穿著衣服。而慧能搞來的全是民間流傳的東西，畫面上的男人女人全部裸著身子，畢現其隱秘部分的魅力。有的故意採用誇張地畫法，透出野性。武宗看了愛不釋手，命放入「樂宮」以備行樂時聽用。

豹房裏美女數萬，武宗令美人們在頭上插花，皇上每日放一隻彩蝶，此蝶落在哪個美人頭上，就可選那個美人侍寢。武宗天天在豹房玩樂，只是苦了後宮那些妃子，每日看日生日落，孤獨寂寞地度過一個又一個不眠的夜晚。

豹房養了不少兇猛的虎豹，武宗白日裏經常入其中，在高臺上觀看虎虎相鬥、豹豹相鬥，虎豹相鬥。看得久了，也覺無趣。又下令廣召天下善搏虎豹者，入豹房做「勇士」。選進京的有上萬人，武宗又從萬人中選出了一百名勇士，住進豹房。正德七年，又增建豹房二百餘間。

爲討好武宗，太監張永推薦一個叫江彬的軍士頭目。此人臉頰上有一塊銅錢大的疤，是在一次混戰之中，一箭從他的臉頰射進，箭頭由耳穿出。江彬拔出箭頭，繼續作戰。他兇猛有力，善騎射，又會談武論兵。一次，武宗命武士驅出猛虎一隻，自己下場博戲。這頭猛虎剛運入豹房不久，野性未去，極爲兇猛。武宗平日看人博戲也學了幾手，躲、閃、

騰、挪也均在行，可是真下了場，便顯得手忙腳亂，沒幾個回合，就被猛虎咬傷。猛虎蹲伏下身子，圓睜雙眼，發出一陣陣低吼，眼見著又要撲上來。江彬從臺上躥下，擋在武宗身前，老虎猛地撲過來，那人把武宗朝一邊一推，身子趁機繞向猛虎的另一側，不待牠起身，便跨在牠的身上，一手按頭，一手握成拳頭，猛擊虎頭。三拳兩腳，就把老虎打暈過去。從此武宗非常寵幸江彬。

武宗耽於逸樂，大臣很多年都難見他一面。有一年元旦，按例應進行慶賀大典，武宗要去接受群臣的朝賀。這天一大早，文武百官、外藩使臣冒著凜冽的寒風齊集宮門等候，直等到下午，武宗才起床。在江彬、楚玉以及宦官侍從的簇擁下，懶洋洋地蹣跚而來。下午酉時，典禮開始，直至深夜方才結束。文武百官饑渴一天，又腿痠痲，渾身冰冷，好容易聽到一聲散朝，個個如大赦的囚犯，奪路狂奔，前仆後躓，互相殘踏，如一群亂蜂。將軍趙朗，頭暈目眩，被人擠倒，竟被踩死禁門之中。

江彬入宮之後，謹慎從事，一味地巴結武宗，不敢放肆。那天，酒喝得多了，又幾個月沒近女色，無處泄火，就一個人去了豹房的獸欄，揀了一頭母鹿，與之交配泄火。恰被武宗看見，武宗大笑，江彬亦笑，君臣滑稽如此。

一到入夜，皇帝與江彬換了服裝，悄悄出宮。到前門外喝酒聽曲，遊逛至半宿，又進入妓院鬼混。江彬告訴武宗說：「後軍都督府右都督馬昂有一妹，弱顏麗質，善騎射，

解胡樂，甚是奇妙。」武宗便叫江彬去把那女子弄來。馬昂的妹妹年甫及笄，已嫁與指揮畢春。馬昂也爲得富貴，竟依計照行，托詞母親生病，誘妹回家，及到了家內，才說出事情真相。其妹子也情願入宮爲妃，便淡掃蛾眉，由他送入京中。江彬看見她丰姿秀媚，不禁色膽如天，摟住求歡。那美人兒本認識江彬，就也半推半就，任他玩弄，足足享受了三天，才將她打扮起來獻入豹房。武宗見了如花如玉的美人，即令侍寢。不料馬昂之妹已懷有身孕，經不起武宗的折磨，不久胎墮流產。

有一次，武宗與江彬歡飲，席上有一盤魚膾，味道佳美，武宗讚不絕口，並問由何人烹調？江彬奏稱爲其妾杜氏親手烹製。武宗道：「君臣一倫，比友較重，朕亦欲暫借數天，可好麼？」江彬只好唯唯從命。次日硬著頭皮，將杜氏裝飾停當，送去豹房。武宗日間命她烹魚，夜間喚她侍寢，日調魚膾。從此久假不歸，江彬亦無可奈何。

江彬數次向武宗稱耀宣府多美女，武宗早就不願在皇宮內鬱鬱而居，受朝臣的制約，在豹房這個小天地中，也已玩膩了。馬上令江彬派人赴宣府營造住處，以備行幸。江彬早已提前派人爲武宗修建了建國府第，把豹房中的玩物、野獸、樂女及從民間搶來的女子充實其中。這裏遠山如黛，晴翠萬里，府第的圍牆高過二人，其中甚是闊綽，僅人工湖，便有十畝多寬闊。亭台、水榭、花船、假山無一不備，三彎九轉，曲境通幽。府內建築，有殿、廳、堂、閣、斗拱飛簷，琉璃映日。另一側有一獸苑，山水林木，與飛禽走獸同嬉

戲。宣府是江彬家鄉，為了替武宗物色美女，搞得雞犬不寧。那些軍士要吃飯，沒有柴燒，就把百姓的房屋拆了，把梁木當柴燒，鬧得市肆蕭然，白晝閉戶。

武宗到了那裏，真是目迷五色，心曠神怡。每天到了紅日西沉，便與江彬徜徉街市尋花問柳。見有佳麗，竟排闥直入，不問是否良家婦女，任意調笑留宿。倘是合意的，就載入回去。宣府地方的婦女，觸目皆是麗容，至若大家閨秀，更是體態苗條，纖穠得中。

這樣的鬧了一個多月，武宗與那些美女玩了幾日，又覺無趣。江彬說「偷情倒是有趣，陛下可否一試？」江彬打聽到宣府有一個大財主姓單，田連阡陌，錢穀如山，娶了四房夫人，又添了二房小妾，一個叫雙珠，一個叫花鳳。單財主年近六十，娶了如花似玉的小妾之後，生怕她們與外界有染，整日把她們關在園內，不許外出。這兩個小妾，年方二十，正值青春年少，嫁了個斑白老頭子，那穿的、戴的、吃的、用的自不必說，單晚上少了一件至緊的玩意。每日裏嗟籲懊惱，怨地恨天。單財主每次摟抱著雲雨，未及三五合，便瓦解冰消，年輕的女子怎生消受？自然情興索然，視其為老厭物。凡遇交合之際，先行裝做睡著。單老財主也自覺無趣，只是把那小妾看緊，一月之中輪流進一次房，彼此各無情興，不過了還心願而已。

武宗與江彬先扮作書生，在樓下勾引，一來二去，撩得兩個妞兒起了春心，遂約定三更越牆相會。月光之下，雙珠沒顧上細瞧，心中慌張，急急把武宗領入臥室。武宗替兩個

美人寬衣解帶，百般溫存，行動起來，卻如狼似虎般兇猛。花鳳嬌喘道：「你個書生，如何這般老辣，想必是摧花老手。」武宗正入佳境，卻聽得屋外一聲吶喊，門被敲得山響。門被踢開了，武宗顧上不穿衣服，如兔子一般向外躥，卻被家奴堵住，挨了幾棍子。江彬聽到園內喧嘩，心知不好，趕來解圍，把赤裸的武宗救了出來。後來那兩個小妾受了驚嚇，一癡一呆，被賣給了窮家小戶做妻子。武宗爲洩恨，將單財主的三夫人、四夫人弄去陪宿。

終日纏綿酒色，武宗很快一病不起。臨終時，他說話已經含糊不清了，還讓美人坐在他身邊。武宗手摸這個，手摸那個，把二十幾個美人都摸了一遍，這些是他平生最喜愛的美人。他再也控制不住，摟住她們讓侍寢，但終因病體難支，春藥也無用。臨去之前，雙手死死地摟住這些美人，兩隻大腿也死死地壓著幾個美人，嘴歪眼斜。到了第二天五更剛過，眾美人醒來，推了推冰涼的武宗，已經石榴裙下作鬼了，僅三十一歲。

武宗之一生，所建實無，所毀多有。關於武宗的最後言行，《明史》記載：「乙丑，大漸，諭司禮監曰『朕疾不可爲矣。其以朕意達皇太后，天下事重，與閣臣審處之。前事皆由朕誤，非汝曹所能預也。』丙寅，崩於豹房，年三十有一。遺詔召興獻王長子嗣位。罷威武團營，遣還各邊軍，革京城內外皇店，放豹房番僧及教坊司樂人。戊辰，頒遺詔於天下，釋繫囚，還四方所獻婦女，停不急工役，收宣府行宮金寶還內庫。庚午，執江彬等

下獄。世宗入立。五月己未，上尊諡，廟號武宗，葬康陵。」在他臨終前，將平生玩樂的全部毀棄，倒不是吝嗇後人繼續享受，其實他對自己的所作所爲也一清二楚。

明萬曆末年，郭良翰撰《明諡紀集編》，武宗所追諡的「武」字，有十一意：「克定禍亂曰武，威強敵德曰武，剛彊直理曰武，刑民克服曰武，誇志多窮曰武，保大定公曰武，剛強以順曰武，開土斥境曰武，折衝禦侮曰武，除僞寧真曰武，赴敵無避曰武」，一堆不可免的高帽子中藏著個「誇志多窮」，可謂春秋大義盡於此焉。

明代從太祖朱元璋至崇禎之十六帝中，除了太祖、成祖、世宗、神宗活過五十，及建文其終不可考外，其他諸帝，活過四十的不過仁宗、憲宗二人。武宗是明朝由強轉衰的重要樞紐。黃仁宇《中國大歷史》中分析明朝皇帝普遍的荒誕行爲說：

「……在和戰的關頭，君主與臣僚通常意見一致，很少有爭辯的地方，反而他們的私生活倒成爲公眾的問題，百官爭吵不清，通常牽扯著皇帝御前的行止和他家庭中的糾紛，好像人世間最重要的事體不發生於他們祖廟之內，即發生於宮闈之中。」在明朝皇帝很大程度上是一個道德上的象徵物，政治自有其成熟的運行的軌跡。朝臣只需要皇帝在言行上作全體臣民的楷模，而不需要他有行政上的想像力。如明武宗以及萬曆帝，繼位初都有大志，然而處處受制現成規範的約束，只有在荒淫的生活追求下，消極的對抗中耗盡一生。惟其身爲帝王，所作所爲才格外觸目。

明代宮女的數量，可謂史上最多，「明朝宮女至九千人，內監十萬人」，據說每年宮中花費的脂粉錢高達四十萬兩銀子，人多到有些宮女連飯都吃不到，以致被餓死。儘管如此，皇帝卻還在不斷地選秀，不斷地採選宮女，甚至連寡婦也掠奪。

明世宗在位十餘年，擁有宮女近千，但仍不滿足，仍下聖諭採選宮女。據說內閣接到聖諭，立刻採辦，曾有一次笑納三百名十一至十四歲少女的記錄。

明武宗朱厚照有過無不及，除採選宮女，還公開掠奪，連寡婦也不放過。「每夜行，見高屋大房即馳入，或索飲，或搜其婦女。」明武宗車駕所到之地，就是婦女被掠取之地。正德四十年十二月，明武宗巡幸揚州，太監吳經受命先到揚州四處搜尋美女，半夜強行搶奪女子，連貌美寡婦也未能倖免。著名戲曲《梅龍鎮》描述的即是明武宗四處獵艷的故事。

不愛江山愛美人

愛德華八世遜位秘事

愛德華八世（Edward VIII，一八九四年至一九七二年），英國國王，喬治五世的長子，十四歲時被封為王儲。即後來的溫莎公爵。愛德華八世退位後，頭銜由他的弟弟喬治六世繼位。一九三七年改為溫莎公爵。二戰期間，他作為英國軍事代表常駐法國，在被指控為同情納粹後，到巴哈馬擔任總督。戰後退休度過餘生。

愛德華八世是喬治五世的長子，生於一八九四年，十四歲時被封爲王儲。愛德華的父親希望他能接受良好的教育，以便於將來繼承王位、統治國家。然而事與願違，愛德華從小就對學校生活不感興趣。

一九一二年入住牛津大學馬格德林學院時，他已對上學已厭倦透頂，他認爲讀書就一種最沉悶的勞務。

他一直嚮往著有朝一日成爲一名軍人，馳騁沙場。一九一四年，第一次世界大戰爆發了，他懷著好奇、冒險的心情，堅決要上前線，作爲王儲，他的想法遭到了眾多王室成員的反對，但自小就性格倔強的他，最終說服了大家，在陸軍擲彈兵近衛團任參謀。

戰後，他周遊世界，先後訪問過美國、日本、南美洲和英聯邦國家。期間還曾訪問中國，會見了當時在天津做寓公的末代皇帝愛新覺羅．溥儀。他平易近人，詼諧幽默，深受大家的愛戴。

一九三二年，世界經濟危機爆發，失業率大增，他遍訪工人俱樂部，以他個人的聲望安排了二十萬工人就業，一時聲名大噪。英國人民都在慶幸，不久的將來有一位好國王即將領導他們走向繁榮。

然而，一九三六年十二月十日傍晚，當人們回到家中，想要看一個輕鬆幽默的節目來緩減一天的疲憊的時候，愛德華出現在電視的畫面上：

「我的朋友們，沒有我所愛的那個女人的幫助和支持，我感到不能承擔我肩負的重任。我決定放棄王位。」

世界爲之嘆惜，爲之流淚……

爲了女人放棄王位，這是一個怎樣的女人，竟有如此之魅力？愛德華八世自動遜位的真正原因到底是什麼？

流行的說法有兩種：一種是「經典愛情」說，另一種是「投靠納粹說」。

過去的輿論一般爲「經典愛情」說所壟斷。故事是這樣的：

一九三一年，在一次普通舞會上，我們的兩位主人公分別登場了。愛德華八世與辛普森夫人無意中成了舞伴。一邊是風流倜儻的愛德華王子，一邊是容貌平平，已近中年的再婚婦女。人們誰也不會想到，這一次隨意的相遇，竟然拉開了一場催人淚下的經典愛情的序幕。

辛普森夫人首先做了一個優美的屈膝禮，這給愛德華留下了深刻印象，而這位威爾斯王子的高貴風度、優雅的氣質和爽良活潑的性格，也立刻把辛普森夫人迷住了。

由於愛德華的童年生活缺少溫情和愛撫，對已婚婦女似乎有著一種特別的感情；而辛普森夫人婚後生活也並不美滿，極想得到一份真正的愛情。因此一見傾心，二人無法自制而又不約而同地深深墜入了美妙的情網，相見恨晚。辛普森夫人善解風情，溫文爾雅；愛德華風度翩翩，幽默風趣，真可謂天設地造的一雙。從此，辛普森夫人成了貝爾凡迪爾行宮的常客，而威爾斯王子也成了她家的「好朋友」，談天、喝酒、跳舞……他們驚訝地發現，二人的生日竟是在同一天——六月十九日。愛德華比辛普森夫人年長兩歲。每看到他

倆在一起，辛普森夫人的丈夫恩尼斯特．辛普森則多半帶著文件到另一間屋子裏去。

一九三三年八月，愛德華邀請辛普森夫人乘「羅沙拉」號遊艇到地中海度假，他們遊山玩水，形影不離。在這次旅遊中，愛德華和辛普森夫人常常雙雙坐在甲板上，欣賞大海、天空的遼闊，享受天地間無人阻礙、親密無間的感覺。假期一再延長，他們戀情也一日深似一日。回到倫敦後，二人更是情書不斷，日日有電話聯繫。

辛普森夫人感覺非常地興奮，她在日記中寫道：「倫敦所有的大門向我敞開了，我彷佛被一個上升的巨浪托浮著，又興奮，又激動。現在，我才懂得了生活的光輝與奧秘。」

愛德華也斷絕了與其他情人的來往，感情專一地拜倒在辛普森夫人的石榴裙下，其神情之癡迷，舉止之體貼是前所未有的，連熟悉他的朋友也大爲驚詫。

有一次，辛普森夫人不小心弄壞了指甲，她自己只是不經意地「噢」一聲，愛德華卻把它當作一件大事，立即親自去尋找修整指甲的工具。以至愛德華的弟弟肯特公爵說，辛普森夫人身上有一種類似巫術的東西。

愛德華這一舉動，遭到了王室成員的一致抗議，反對派甚至不斷搧風點火，詆毀他們。身患重病的喬治五世曾憂心忡忡地對首相鮑爾溫說：「我死之後，這個孩子遲早會毀掉自己！」

一九三六年，喬治五世病逝，愛德華八世順利登上王位。第一件事就是宣布他與辛普

森夫人要結婚。朝野上下一片譁然。英國自維多利亞女王時代以來，已習慣於王室保守的婚姻傳統，而禁止國王與離過婚的女人成親。首相鮑爾溫對他說，這樣會損害君主體制完好的名聲，勸他要以社稷爲重。愛德華又提出讓辛普森夫人以平民身分與他結婚，而不要任何爵位。這樣的要求也沒有得到同意。

王太后瑪莉責怪他道：「真是發瘋！」鮑爾溫一改以往勸說態度，威脅說：「如果愛德華八世執意娶這位離過婚的美國女人爲英國王后的話，內閣將集體辭職。」倫敦街頭的民眾則向辛普森夫人的住宅投擲磚頭，並嚷嚷「大家快來呀，美國太太要偷走我們的國王啦！」

惟有後來在第二次世界大戰中出了名的邱吉爾說了一句貌似公允的話：「國王欲娶他心愛的尤物爲妻，爲何不可？」然言語之間不無鄙薄、諷刺之意。

各國新聞媒體對此事大加渲染，英國政治面臨前所未有的困窘。毫不留情的指責，尖酸刻薄的嘲諷，危言聳聽的報導，像混濁的洪水那樣鋪天蓋地地襲來。辛普森夫人在這場軒然大波中，感到十分難堪，含著眼淚戀戀不捨地告別了曾孕育他們的愛情、使他們心醉神馳的貝爾凡迪爾行宮，悄然去了外國。在那裏，她致信愛德華，表示願作自我犧牲，勸愛德華割斷情絲，保住王位。

爲了平息這場因爲婚姻引起的政治新聞，愛德華必須作出抉擇：是要江山還是美人。

愛德華毅然選擇了後者。

令人潸然淚下的演講結束後，愛德華隨即默默地走出了房間，鑽進汽車，朝海濱方向駛去。因爲港口有一艘艦艇將送他到歐洲大陸，他美麗純潔可愛的沃麗絲正在那兒等著他。幾個月後，愛德華與辛普森夫人如願以償地在法國結爲伉儷。

愛德華的頭銜被確定爲「溫莎公爵」，辛普森夫人成了公爵夫人。

此後這兩個歷盡波折的苦命人就再也沒有分開過，一起度過了三十五個恩愛春秋。儘管沃麗絲一生也沒有得到愛德華母親的承認，亦沒能享受英國王室授予的「公爵夫人殿下」的榮譽，自己丈夫的弟弟、新任國王一次也沒有召見她，但是沃麗絲依然無怨無悔。丈夫爲了她寧可不要英國國王的王位，寧可承擔全國上下的非議，這樣的深情，又豈是世俗的標準所能衡量的！在沃麗絲的心中，只要能與溫莎公爵在一起，其他一切世俗的東西都變得微不足道了。

一九七二年，溫莎公爵因病去世，享年七十八歲。一九八六年，沃麗絲因肺炎於巴黎郊外逝世，終年九十歲。

英國國王愛德華八世「不愛江山愛美人」的歷史故事，已經在全世界傳播了六十五年之久。清風明月，古今多少悲歡離合事已成爲過眼雲煙，但那座溫莎公爵城堡依然是永不坍塌的愛情聖殿。

然而，最近這座聖殿第一次開始出現裂縫。聯邦調查局新解密的一封情報使人們開始懷疑他們原來一直蒙受欺騙，愛德華「不愛江山愛美人」永遠只是一個虛構的傳說。這就是再一次掀起愛德華浪潮的「投靠納粹」說。

最近，美國聯邦調查局公佈了一封解密檔案，其中記述，第二次世界大戰期間，美國前總統羅斯福曾親自下令秘密監視溫莎公爵夫婦，以提防他們在美國時把機密洩露給德國納粹分子。這是因為美國從情報中判斷，溫莎公爵夫人沃麗絲·辛普森曾與德國納粹黨的一名高級官員來往過密，並一直向他提供重要的政治和軍事情報。這份長達二二七頁的解密檔案，同時揭開了愛德華八世當年退位的驚人內幕。

根據新解密的檔案，愛德華八世為了愛情自動遜位的歷史顯然要得以重寫。導致愛德華八世退位的真正原因不是辛普森夫人曾離異，無法入主英國王室，而是因為她是納粹德國的狂熱支持者。當時正值二次大戰前夕，英國、法國和美國結成了盟國，共同抵禦德國法西斯向世界人民發動的挑戰，如果英國國王娶了一位支持德國納粹的女人為妻，無論是英國王室還是英國政府，都無法面對盟國及本國國民。於是，王室和政府共同向愛德華八世國王施加壓力，在最關鍵的時刻，憤怒的鮑德溫首相竟以內閣集體辭職要脅。而此時，深陷愛河的愛德華八世已經無法自拔，只好乖乖地摘下自己的王冠。

以上即使全是事實，也無法完全推翻愛德華為了愛情退位的觀點。何況人們也對這份

情報的來源產生疑問。據悉，美國的情報是一位原德國的王室成員維爾茲堡爵士提供的。這位爵士與英國的瑪利王后（即愛德華的母親）以及她的兄弟、後來的加拿大總督阿思隆爵士有著親戚關係，因此，他非常瞭解英國王室的內情。他甚至提供了溫莎公爵夫人在巴黎的一次宴會上對客人說的話，她當時說：「公爵患了陽痿症，雖然他想試著和許多女人發生性關係，但她們沒有人能滿足他。而我是惟一能滿足他性欲的女人。」

事情真的是這樣嗎？我們不得而知。

對於這份解密檔案，英國政府和王室尚無任何公開反應，但溫莎公爵的傳記作者對此提出了抗議。他聲稱，溫莎公爵夫婦絕對不會做出如此損害國家利益的事情來。這位傳記作者依然認爲公爵是「不愛江山愛美人」的愛情至上主義者，而公爵夫人則是個不關心政治的人。

但不可否認的是，這些撲朔迷離資料的公開，可能會給英國王室和政府造成某種尷尬。本來，英國政府也要在最近解密一批歷史檔案，但由於趕上王太后去世，緊接著又是伊莉莎白二世女王登基五十周年「金禧慶典」，只好推遲了解密時間。

現在，美國趕在英國之前公開了這些檔案，使英國政府略顯被動。

英國王室肯定是不喜歡這些檔案資料的。僅憑過去廣爲人知的事實，溫莎公爵已被王室視爲一大恥辱。愛德華王儲直到四十歲時還是單身漢，他相不中父母爲他選擇的那些女

孩，自己邂逅的女人又都不是人們所期望的形象，一次是與一個分居的女人相好，另一次就是與離婚兩次的辛普森夫人。後來，他爲女人離開了王位，開了在位國王中途退位的先河，這對神聖的王權是一種褻瀆。

儘管如此，人們以前總認爲這是個生活上的問題，而不是政治問題。但是，如果美國歷史檔案資料陳述的情況屬實的話，那麼愛德華八世的歷史就得重寫了。他雖然早已不在人世，但仍然會背上「賣國賊」的罪名。

愛德華八世與辛普森夫人的愛情經典能否如人們所說的那樣浪漫淒切、神聖純潔，現在顯得有點撲朔迷離了。

愛德華八世不愛江山愛美人的傳奇，早已成為經典愛情故事。然而近日解封並將拍賣的信件檔案表明，愛德華八世其實是一個感情極不成熟的人，而且他和首位情人的書信中就已經充滿了對王室生活的不滿，放棄王位是遲早的事情。

這批在紐約拍賣的信件和信封共有三百多封，由當時還是威爾斯王儲的愛德華八世寫給他的初戀情人弗麗達的信，共約三千頁。愛德華八世在信中向情人弗麗達傾訴了心中困惑，表達了他對父親喬治五世以及自己所肩負的王室責任深深不滿。從這些情書的內容判斷，愛德華八世是在一戰期間躲避德軍的一次空襲時，與弗麗達相識。弗麗達那時已是一名英國議員的妻子。愛德華八世被弗麗達的年輕美貌所吸引，此後每天都會給弗麗達寫上兩三封信。在一封情書中，愛德華信誓旦旦地寫道：「我的愛，除了你，我不會再與其他女人結婚。我要讓你成為英國的王后。」可是事實上，當弗麗達成為愛德華八世的情人後，她卻發現愛德華八世還有許多女友。在他的眾多情人中，甚至有一對孿生姐妹。而後，愛德華認識了辛普森夫人，並為了與她結婚而不惜放棄了英國王位。

生在帝王之家的悲劇

蘇格蘭女王瑪麗秘事

蘇格蘭女王瑪麗一世（一五四二年至一五八七年），是蘇格蘭的統治者以及法國王后。她的一生充滿悲劇色彩，也因此成為蘇格蘭君主中最有名的一位。

瑪麗是亨利八世妹妹的孫女，蘇格蘭國王詹姆斯五世的女兒，是伊莉莎白一世的表侄女。一五四二年，詹姆斯五世在與英格蘭戰爭中戰死沙場，剛剛降生六天的瑪麗公主就被立爲蘇格蘭女王。爲了繼續與英格蘭抗衡，她的母親在瑪麗只有五歲七個月時，就將她遠嫁給法國國王亨利二世的兒子弗朗索瓦。

在文藝復興的薰陶下，來到法國宮廷的瑪麗順利成長。俗話說「女大十八變」，時光的流逝，使當年的小瑪麗出落得如花似玉。她皮膚白皙、臉形秀麗，一頭黃裏泛紅的金髮美麗異常。她白天陶醉於賽馬和打獵，夜晚沉迷於詠詩和跳舞。此外，更重要的是，她還有良好的修養、開朗的性格，在宮廷裏深受大家的鍾愛，已被宮廷培養成了一個知書達禮、符合王室要求的女王以及未來的王后。

一五五八年，瑪麗與弗朗索瓦結婚。第二年，即瑪麗十七歲時，她的丈夫即位為法國國王。一六六〇年，瑪麗親政。但不幸的是，弗朗索瓦國王在同一年就突然染病駕崩，年輕的瑪麗成了寡婦，一五六一年不得不從法國返回內亂不已的故國蘇格蘭。此時，瑪麗的母親早已病逝，國家的實權掌握在異母兄弟莫里伯爵手中，瑪麗只是一個有名無實的女王。

同時，瑪麗是亨利七世的曾外孫女，是繼伊莉莎白之後最有資格繼承英國王位的人。在瑪麗廿一歲時，圍繞在她周圍的求婚者絡繹不絕。當時的瑪麗傾心於西班牙王子，但卻遭到英格蘭女王伊莉莎白一世的反對。

一五六五年二月，瑪麗在蘇格蘭宮廷遇到了英俊瀟灑、風度翩翩、信奉天主教的英格蘭貴族亨利．斯圖亞特．達恩利伯爵，幾個月後，他們以閃電般的速度結成連理。

達恩利很快暴露了自己的蠻橫暴虐、貪圖權勢的本性，他要求瑪麗主動讓出王位，承

認他是蘇格蘭國王。瑪麗斷然拒絕之後，他整天沉溺酒色，對瑪麗惡語中傷，使瑪麗徹底失望，很快與其鬧翻。這時，多才多藝、能歌善賦的秘書里奇奧，施展他的才華，發揮他的特長，安慰了女王瑪麗備受傷害的心。但蘇格蘭部分貴族對這件事非常不滿，他們開始有人慫恿達恩利除去里奇奧這顆眼中釘。

一五六六年三月九日夜，里奇奧被闖入室內的一夥人當場擊斃，女王瑪麗也被襲擊者擄為人質，關進了監獄。瑪麗當時已身懷有孕，惟一的解救之路是要達恩利幫助自己逃出監獄，於是她苦口婆心地說服前來探監的丈夫，但遭到達恩利的拒絕。

同年六月十九日，瑪麗生下了王子詹姆斯。經過這次事件，瑪麗對達恩利已經不再存有任何幻想，不久，她愛上了曾經協助她越獄的野性十足的貴族博恩韋爾。一五六七年二月十日夜晚，達恩利的住宅發生爆炸。有一種說法說，達恩利想逃跑，卻被人抓住扼死。這其中的因果，至今仍是撲朔迷離，有人猜測可能是達恩利想炸死瑪麗，反倒自食其果。也有人說，是瑪麗另有新歡，想炸死自己的丈夫。據說她在給博恩韋爾的情書中說，她之所以背叛丈夫，皆起因於她對博恩韋爾刻骨銘心的愛，這些信後來被用作指控瑪麗謀殺親夫的證據。

達恩利之死，是瑪麗走向毀滅的開始。人們立即將懷疑集中於瑪麗和博恩韋爾身上，譴責之聲響徹全世界。瑪麗為了捍衛自己和出世孩子的名譽，只有和博恩韋爾正式結婚。

但蘇格蘭貴族不同意，他們發兵捉拿瑪麗和博恩韋爾，高呼要嚴懲殘害達恩利的兇手。

一五六七年，博恩韋爾被囚，瑪麗被蘇格蘭新教貴族廢黜，十月四日，治安法庭以瑪麗寫給博恩韋爾的八封情書爲依據，將她關押到重犯的監獄。瑪麗被叛軍囚禁在一座孤島上，並被迫承認殺夫之罪，放棄王位。同年七月廿五日，王位由瑪麗年幼的長子詹姆斯繼承。一五七八年，博恩韋爾死於獄中。

第二年五月，瑪麗在一名少年的幫助下越獄成功，輾轉來到英格蘭，伊莉莎白一世拒而不見。國外和英國的天主教徒都認爲伊莉莎白一世是私生女，而瑪麗才是合法的英國國王繼承人。伊莉莎白一世認識到了這一點，所以將瑪麗軟禁了起來。起先她也曾上訴，但毫無作用，整天以繡花、養狗和玩鳥打發日子。

瑪麗在獄中度過十八年，她渴望自由，一五八六年，西班牙國王腓力普二世聯合英國天主教勢力，企圖謀害伊莉莎白一世，擁立瑪麗爲新君。但入侵英格蘭、暗殺伊莉莎白、讓瑪麗復位的簽名覆信落到了伊莉莎白親信的手中。九月底，治安法庭一致判處瑪麗死刑，並得到了伊莉莎白一世的批准。瑪麗以強硬態度表明：她參與了這一陰謀，但並沒有同意暗殺伊莉莎白，作爲一個被不公正地囚禁十八年的人，她有權利以任何手段去爭取自由。

一五八七年二月八日，瑪麗以極大勇氣接受了死刑判決，她甚至爲能夠結束這漫長歲

月的折磨而感到欣慰。在刑場上，她脫下死囚的黑衣，露出猩紅色的天鵝絨緊身圍腰和襯裙，這是鮮血的顏色，也是天主教徒的殉教服。當瑪麗被砍下的首級由劊子手托起時，長滿白髮的頭卻滾落在地，留在劊子手裏的只是一叢黑黝黝的假髮。

十八年的獄中生活，已使這位絕代紅顏變得又醜又胖、滿頭白髮。她死時年僅四十四歲。

「生不能、死不了」的太子

朱慈烺生死秘事

朱慈烺（一六二九～？），崇禎長子，崇禎三年立為皇太子。李自成攻克北京後，其下落不明。一說其已死於戰亂，一說其出家為僧，均無證據證實。曾有人冒其名起兵反清，經驗均為偽。

李自成攻下北京後，崇禎皇帝自縊身亡，煊赫一時的明王朝從此終結。崇禎帝朱由儉臨死前命令自己的兒子朱慈烺迅速逃生。這個明王朝最後的太子結局究竟怎樣呢？自明亡以來，有關他的說法就撲朔迷離，眾口不一。

最初有人認爲崇禎太子並沒有出逃成功，最後落入清廷的手中。但是即使這樣，各

家說法也不一致。據《國壽錄．崇禎太子》中的記載，當太子出逃後，「爲賣豆腐老嫗所覺，憐而收之。嫗知爲太子，令匿名姓，住三月，貧不能養。因間送太子舅周皇帝親家，皇親懼不爲識。……報聞，送刑部獄。」，《甲申傳信錄》等書中也有很類似的記述。這些說法都認爲太子爲清廷抓獲，然後遇害。但是由於當時北京城的情況混亂異常，所以這樣的說法也不完全可靠。

根據《石匱書後記》中《烈帝本紀》和《太子本紀》的有關記載，李自成攻下北京後，曾經下令搜索太子，有人將太子獻了出來。但太子設法逃了出來，去找舅舅周奎。由於周奎擔心私藏太子會給自己招來禍害，便將他獻給了清朝刑部，最終太子遇害。

另外，《野史無文》卷四中記載：「清兵入南京，戎政趙之龍獻之豫王，攜之北去，不知所終，或云縊死。」這種說法認爲太子曾逃往南京的南明小朝廷，當清兵攻陷南京後，他才遇害的。總之，就單崇禎太子遇害於清朝刑部的說法，版本就有很多，究竟哪種是真的，仍然不能明斷，更何況除此之外，太子下落還有其他說法。不能不承認太子下落實在是個謎團。

除了遇害清廷說之外，一種主要的說法認爲，崇禎太子被李自成軍西行時帶走。《明史紀事本末》中記載了這樣的情形。在李自成與吳三桂作戰時，曾經「挾太子登高崗（《明季北略》做廟崗）立馬觀戰」；在兩方議和時，吳三桂提出「歸我太子、二王，速

離京城，……而後罷兵」。這些記述都表明太子確實和李自成在一起。

李自成與吳三桂初戰受挫之後，決定離京西行。《明季遺聞》對李自成離京前後的情況寫得很具體，說李自成於「二十六日，狼狽還京……二十八日悉銳西行，輜重無算。或曰太子、二王挾之俱出。二十九日，焚宮殿，後隊亦離去。又三年，自成病死羅公山……」這本書是鄒流綺編輯的，他是清朝順治年間的人。他寫此書的《自序》是在順治丁酉（一六五七），可見他搜集材料時據「賊亂」只有十年左右。此書《凡例》中講到這本書有的材料是「本之家大人紀略」，由於他們父子都是甲申之變的目擊者，所以這本書是比較值得信賴的。

對於《明季遺聞》的記載，《明史》也予以確認，說李自成在北京「披冠冕，列仗受朝」之後，「挾太子、二王西走，而使僞將軍左光先、谷可成殿」。在《崇禎諸子》一章中，也寫到「京師陷，賊獲太子，僞封宋王。及賊敗西走，太子不知所終。」由此不難得知，李自成和吳三桂的和議之後，交給吳三桂的「太子」是道地的冒牌貨。因爲太子、二王一直就在李自成的軍營中。

不過這種說法也有一個大疑問，就是在太子隨李自成離京西走之後，再就未見諸任何記載。而那個從吳三桂營中逃出來的「太子」的去向和真僞就成了明末的一個大議題。

《明季南略・太子一案》中說道，太子被人引導進入皇姑寺，然後與太監高起一起逃

往天津，浮海南下。還有說太子已經「卒於亂軍」，還有說太子落難北方。總之，關於這個問題的傳聞實在太多，而且有很多是出於別有用心的動機。

崇禎太子朱慈烺確實曾被李自成俘獲而行，由上面《明季遺聞》和《明史》的分析，我們基本上可以判斷事實的真相就是如此。這種說法的關鍵是，當時與太子同時被俘、被封而又受到種種款待的還有充任過東宮侍讀、同太子有老關係的李士淳。李自成軍西進後，再沒有關於崇禎太子的記載。因此很可能的情況，就是在西奔路上，太子和李士淳逃了出來。這種說法正是這樣認爲的。他倆趁亂逃了出來，爲了逃避各種勢力的追尋捉拿，歷盡艱辛，終於逃到了李士淳的家鄉粵東嘉應（今廣東梅縣）州的陰那山。

崇禎太子眼見清朝鐵騎席捲江南，明朝復興的希望逐漸化爲泡影。自己偏處一隅，並沒有什麼可資憑藉，心灰意冷之下，太子只好面對現實，削髮爲僧。這樣說的依據是，長期以來梅縣地區流傳著如下一個故事：

明朝滅亡以後，嘉應州陰那山的靈光寺中出現一個不同尋常的和尙，法名爲「奭」。在明光寺中，有這個和尙的神位，長期供奉。神位的名字很怪，叫作「太子菩薩」。每當新穀登場，該寺住持便雇人挑著「太子菩薩」的神牌到鄉間化緣募捐，以「所得供太子菩薩」。久而久之，「太子菩薩」被訛傳爲「稗子菩薩」。

辛亥革命以後，很多人才明白了這個菩薩的來歷，說他就是當年的崇禎太子。當年嘉

應州有一個大人物李士淳，是他將太子帶到陰那山去的。李士淳又名李二何，是嘉應州陰那山區人。

《嘉應州志》裡，有關於李士淳的記載，說他任山西「翼城令時，以治行卓異，召入對策稱旨，授翰林院編修，充東宮講讀……逆闖陷都，潛遁歸里」。除此之外，在清朝康熙年間劉廣聰修的《程鄉里志》中也說他「逆闖陷都，身受刑笞，不污僞命，潛遁歸里。」這些記載都證明了李士淳曾經被李自成俘虜，而且受過刑，也封過官。

按照《明季北略》所記載，李自成對被俘官員的政策是以自願爲原則來決定去留。那麼這些鄉志的記載就說明了李士淳和太子可能遭到相同的對待。這樣一來，兩個人憑藉著舊有的關係，很有可能是一起逃回廣東。那麼這種說法的可信度無疑大增。

除了歷史記載之外，我們還可以從李士淳本人那裡一探端倪。在他編的《陰那山志》中，有首《題陰那山五指峰二絕》的詩，作者署名爲「夯山和尙」。詩云：

「誰人伸臂划虛空，裂碎迷雲千萬重。掌握明珠山吐月，周天星斗五輪中。天晝棋盤星做子，指彈日月照將軍。不知何處神仙著，花落棋山迅耳聞。」

仔細分析這首詩，可以發現詩的頭兩句表明作者希望有人助他一臂之力，以改變他「迷雲千萬重」般的困境；第三至第六句是寫這個敢以「天晝棋盤星作子」的人，幻想能有「指彈日月」般的威力支持某一位將軍，取得軍事勝利，取得「掌握明珠山吐月，周天

星斗五輪中」的地位。最後兩句是說他的結果是「花落棋山」（棋山即陰那山，因棋盤石而得名）削髮爲僧的現實處境。

「奓山和尚」的詩出現在李士淳的著作裡，說明陰那山靈光寺確有「奓山和尚」其人。這首詩的內容中還反映出「奓山和尚」的困難處境和非凡的身分。除了這首詩表明他們曾經在陰那山共處過，李士淳的《棋盤詩》有云：「數著分明一局殘，仙人曾此暫消閒」，此中的仙人和「奓山和尚」詩中的「神仙」正可互相映證。

由於崇禎太子的身分實在過於特殊，由於政治上的原因，李家也沒有敢於說出事情的真相，我們只能找到隱隱約約的暗示。比如李士淳之子李梗在陰那山「三軒柏」中題一聯曰「三柏似龍留聖跡，五峰如指引禪機」，就明顯在暗示這地方留有「聖跡」。

一直到幾百年後，辛亥革命成功，清王朝成爲了歷史，太子一案才不必再顧及政治上的風險。從那個時候開始，事情也就逐步朝明朗的方向發展。當時一些文人耆宿在自己的著述中都開始將這件事說明清楚，比如李士淳的後裔李大中寫的《二何先生事略》、楊薇伍寫的《榕園瑣錄》等。這些著作不僅提到了李士淳（李二何）回到家鄉後的所作所爲，而且印證了所謂「奓山和尚」就是崇禎太子朱慈烺。

雖然這種陰那山爲僧的說法是種種說法中最能讓人信服的，但畢竟這只是一家之說，沒有什麼相關的佐證。

完美的怪物

路易九世秘事

路易九世（Louis IX，一二一四年至一二七〇年），是卡佩王朝第九任國王，是路易八世的兒子。他曾經發起第七次及第八次十字軍東征。一二五二年，在第七次十字軍東征失敗之後，他派遣法蘭西方濟各會教士出使蒙古帝國，見到蒙古大汗蒙哥。

既沒有路易十四的輝煌光榮，也沒有拿破崙的豪氣沖天，路易九世卻贏得「完美怪物」的稱譽。「完美」意味著十全十美，完美無瑕，這是多麼高的評價！你相信這樣的人存在嗎？

還是讓我們把眼光投向十三世紀的法國，看看路易九世究竟是何許人也，爲何被稱爲

「完美怪物」？

路易九世又叫「聖路易」，是卡佩王朝最孚眾望的君主。他生於普瓦西，自幼就受到母親布朗希的特殊的悉心照料。布朗希是英國約翰王的侄女，一個虔誠的基督教教徒。從路易孩提時代起，她就努力不懈地以基督教的美德來訓練他，教他宗教課程，並多次告訴他，她寧願看他死也不願他犯不可饒恕的罪過。路易從小勤奮好學，幾乎不用母親怎麼費心。他既學習聖經、歷史、地理等人文科學知識，也向優秀的騎手學習騎術、打獵等基本技能。在如此濃厚的宗教氛圍中，他也被培養成了一個忠實的基督教徒。他即位以後所採取的一連串政策及措施，都有基督教教義的影響。

西元一二二六年，路易八世遠征歸來，不幸在蒙比利埃去世，未滿十三歲的路易九世即位，由母親布朗希攝政。在攝政初期，國內發生了混亂，他們也面臨著失去王位的危險。由英王亨利三世支持的男爵們首先起兵反叛，接下來阿爾比異教徒叛亂，這些叛亂者想從這孤兒寡母手中奪回他們喪失的權力和利益，小路易和母親以智慧和堅忍征服了他們，保證了皇權的平穩過渡。

西元一二二八年，英王亨利三世在布列塔尼登陸，年少的路易九世在母親布朗希的指揮下，親自帶兵出征，迫使亨利三世在公平的條件下簽訂停戰協定，未獲任何成果引軍撤離。第二年聖路易擊敗了同情阿爾比派的圖盧茲伯爵雷蒙七世，使他接受了「巴黎條

約」，承諾死後他的整個格朗多克地區歸王室所有。

一二四二年，英王亨利三世再次入侵，聖路易再次披掛上陣，親赴前線，打敗了英國的軍隊，於一二五八年五月廿八日迫使亨利三世在巴黎簽訂了和約，俯首稱臣。

布朗希作攝政王期間，秉承基督教精神，做了一些好事。她解放了許多皇家莊園的農奴，還把大批錢財用於慈善公益事業，並送嫁妝給因貧窮而不敢談戀愛的女孩。當路易九世長大成人並於一二三六年親政時，母親布朗希留給他的是一個強大、繁榮及和平的國家。

路易九世皮膚白皙，滿頭漂亮的金髮，輪廓清晰，身材頎長，是一個俊美的男子。在婚前，他文質彬彬，喜好華麗的傢俱與鮮豔的衣服，卻愛打獵、放鷹等娛樂體育活動。那時，他還不是聖人，因爲曾有一個僧侶向他的母親控告他與人調情。一二三四年，聖路易與普羅旺斯伯爵的女兒瑪格蕾特結婚。娶妻生子後，他逐漸安定下來，成爲對妻子忠誠及對兒女盡責的楷模。並逐漸放棄了奢華宴樂的生活，愈來愈樸實，宗教色彩越來越濃，幾乎將自己全部的精力投入到政務、慈善事業以及宗教事務。

聖路易重視法律，經常親自審理案件，並且執法嚴明，使得司法權牢牢掌握在國王手裏。他不僅執法，而且還立法。他曾多次頒佈命令，禁止非法賣淫、瀆神、私鬥以及賭博。他還過問錢幣的鑄造，杜絕貪汙，並通過自己的官吏檢查監督職權部門的工作。

路易九世在外交關係上，採取了公正與寬大的政策，但這些政策首要的一條就是不致使法國喪失聲譽與權力。在他當政時期，主觀願望是希望盡可能避免長久的戰爭，但是當受到敵人侵略時，他也會組織有效的進攻和防禦，打敗敵國，贏得勝利。隨著時光的流逝，法蘭西奠定了和平的基礎之後，他在鄰邦與對外關係上採取和解政策，不再永無休止地報復對方曾經無理的侵擾，並將他的先祖掠奪的土地歸還給它的所有國，但拒絕姑息不公平的要求。

從歷史記載中，我們可以看到從西元一二四三年到一二七〇年，法國沒有對任何一個鄰近的基督教的敵人發動戰爭。當鄰國彼此攻打時，他還積極地從中斡旋，希望能夠避免戰爭，使他們和平共處。既然法國扮演了這麼一個和平大使、中間人的身分，因此外國君主也常常將他們之間的爭論交由他來裁決。

路易九世對貴族的權力是很尊重的，鼓勵並保障他們行使對農奴、封臣與宗主的義務，同時貴族對臣僕的不公平，他也堅決地干涉並予以嚴懲。有一次，三個佛蘭德斯學者在打獵過程中，誤殺了一名貴族莊園裏的野兔，就被該貴族殘酷吊死。路易九世非常憤怒，把貴族關在羅浮宮內，並威脅要以其人之道還治其人之身，將他吊死。最後在眾大臣的勸說與保證下，雖然釋放了他，但是提出了幾個條件：首先要求他修建三座教堂，終身得支持教堂的發展，同時還要每天為死難者作彌撒；其次，將這三位年輕學者狩獵的林地

捐給修道院；再次是剝奪他對其莊園的管轄權與狩獵權；還有就是讓他在巴勒斯坦服役三年，並付給國王一萬鎊的罰金。

此外，路易九世還建立醫院、救濟院、招待所、盲人院及贖身妓女的住所，自己掏腰包捐助不算，還命令每省用公款供養那些年邁的窮人。當諾曼第遭受饑荒時，他從自己的收入中拿出一大筆錢送給貧困的人們。無論到何處視察，路易九世每天總要供給一百二十個窮人的飯，其中三人還可以和他一同進餐，由他親自服侍這些窮人。這之外，他還要效法耶穌給門徒洗腳，爲他們洗腳。有時，他替貧苦的盲人洗腳，受惠者並不知道服侍他們的就是國王。在空閒的時候，賙濟病人、窮人、寡婦、分娩的婦女、妓女、殘廢的工人就成了他的主要活動。偶爾他還服侍痲瘋病人，並親手餵他們吃飯。

路易九世繼承了他母親的基督教精神，熱衷於宗教和慈善事業。他的朋友兼歷史家儒安維爾曾說：「他每天做兩次彌撒，就寢前念五十遍《聖母經》，午夜起身參加神父在教堂舉行的晨禱。」通常做完彌撒之後，聖路易就走到樊尙森林，倚樹而坐，並要求朋友和侍從都坐在他的周圍。他身著粗毛布衣，外披僧侶的棕色長袍，並以小鐵鏈鞭笞自己。在這段時間內，任何人只要有理，都可以不受阻攔地前來向他傾訴。在這裏，他會親自處理解決一些案子，並給每位陳情者有上訴國王的權力。他最喜愛新成立的聖芳濟修會及多明尼加修會，毫不吝惜地捐錢給他們，最後自己也毫無怨言、心甘情願地成爲聖芳濟修會的

僧侶。

在基督教的一些大小節日裏，他自己做事也非常謹小慎微。甚至在耶穌降臨節和封齋期，他都不去臨幸自己的皇后和妃子們，戒絕房事。因此，有的臣民善意地嘲笑他的虔誠，稱他爲「路易兄弟」。在他死後二十年，教會封他爲聖徒。他統治的時期是法蘭西的黃金時代，後人都追念並驚嘆於作爲君主的他是何以做到這一點的，並叩問難以揣測的上帝，爲何不再將像他那樣的基督徒國王賜給他們。

路易九世鼓勵文學、藝術。他在位時，巴黎大學是當時歐洲最著名的大學之一，外國留學生雲集巴黎，在此求學。那強大富庶幅員遼闊的帝國，那文化昌明、商賈如雲的帝都，那令人耳目一新的先進的政治經濟制度，無不給這些留學生留下很深的印象。他執政時期，巴黎建造了大量的哥德式建築，大量教堂建築的出現，也間接地促進了繪畫和雕塑的繁榮。

正因爲他採取這樣的國際國內政策，法蘭西獲得了前所未有的安定與繁榮，許多哥德式的建築得以完成，並達到最完美的境界，他統治的時代，法國是西歐最輝煌的文化中心之一。也許正因爲這樣，有些史家稱他爲「世界上從未見過的完美怪物」。

但事實並非僅僅如此。首先在某些事情上，他也並不是一個公正的人。他雖然誠實地對待伊斯蘭教敵人，卻無法以同樣寬大的胸懷對待他的基督教敵人。信仰上的天真狂熱使

路易九世產生了宗教的偏執，他嚴禁異教的流傳，對待異教徒的態度非常強硬。一二三三年後設立了火刑場，促成了法蘭西異端裁判所的成立，這對後世基督教的發展產生了極壞的影響。他也無法以慣有的基督教徒的善良來對待法蘭西的猶太人。他對他們採取了嚴厲的政策，不許他們放高利貸，燒毀他們的經書，強迫他們帶猶太人的標誌。當時迷信活動很盛行，他也不能脫俗，很熱衷於此類迷信。

據說，聖德尼修院自稱擁有一枚真十字架上的釘子，國王聖路易對此十分在乎，不料在一次慶祝展覽後丟失了。這件事引起了很大騷動，路易九世非常不安甚至說過這樣的話，「寧願國內最好的城市不在了，也不能丟失這枚釘子。」幸好後來釘子被找到了，要不然路易九世也許真會做出一些匪夷所思的事。

對宗教的這種偏執，使他近乎無知的單純或輕信，他發動了第七、八次十字軍東征。尤其是在埃及以及突尼西亞那設想不周的拙劣的戰役，使那麼多的無辜人們喪生，最後連自己也病死在途中。

看來所謂「完美怪物」也不無誇張的溢美之辭。世上本無完美，就連中國的乾隆皇帝自稱「十全老人」，那也不過是他的自吹自擂之詞。對於路易九世的功績和他的貢獻而言，「完美怪物」這個綽號還是可以的，畢竟他的功大於過嘛。

光芒四射的「太陽王」
法王路易十四的風流秘事

路易十四（Louis XIV，一六三八至一七一五年），是法王路易十三的長子。自號「太陽王」。登基之初，由他的母親攝政，直到一六六一年法國宰相紅衣主教馬薩林死後，他才真正開始親政。在位長達七十二年，是在位時間最長的君主之一。

「太陽王」即路易十四，他的父親是亨利四世的長子路易十三，綽號「正義者」。路易十三娶了西班牙公主安娜以後，長達二十多年不曾生育，當他們感到失望時，上帝卻給他們送來了禮物——一個帶著兩顆小奶牙的漂亮男孩。這個男孩將成爲波旁王朝中最偉岸的一個國王。

路易十四長達半個世紀的統治，是法國的黃金時代。國內貴族們群集於國王輝煌的宮廷之中，文學家和其他各種藝術人士都渴望沐浴於國王的陽光之中，而在國外，法國成了全歐洲妒忌和羨慕的對象。

黃金時代的國王光芒四射，使路易十四榮獲「太陽王」之稱號。路易十四長得英俊秀美勇武，配稱「阿波羅」。他的畫像留世很多，在今巴黎羅浮宮裏掛著他的大幅彩色油畫像，在凡爾賽宮中有他雄偉的騎馬像，從中可以看出太陽王的相貌的確長得不錯。在西方，凡「美男子」被比喻爲「阿波羅」，凡美麗智慧的女子都可以配稱「雅典娜」。阿波羅是古希臘神話裏的「太陽神」，長得極其俊美。

路易十四從小就愛跳舞演戲，在每次戲劇活動中他都扮演「阿波羅」角色，久而久之，他就成了「太陽神」的化身了。當然比較重要的一點是路易十四的統治也相當出色，政績很突出，否則，「太陽王」這一偉大的稱號是不會附在他的名上的。

但拜倒在「太陽王」腳下並臥躺在美男子御床上的女人，到底有多少，可能誰也不清楚。但法國著名哲學家伏爾泰說過，路易十四有一點是値得推崇的——愛情雖然擾亂了宮廷生活，但卻絲毫沒有影響到政府工作。他知道怎樣把國家大事與尋歡作樂區分開來。路易十四一生中惟一的一次正式婚姻，是與西班牙的公主瑪麗．泰蕾絲。

路易十四年輕的時候，就像《紅樓夢》中的賈寶玉一樣，身邊總是美女不斷，但他比

較鍾情於首相馬札然的侄女芒西妮小姐。首相對此大概很滿意，但路易十四的母親堅決不同意。儘管首相馬札然是黎士留的弟子、紅衣主教，大權在握，然而仍然不敢忤逆太后的旨意，他開始為年輕的君主選擇新的結婚對象。

瑪麗·泰蕾絲王后本是西班牙國王腓力四世的女兒。當時的西班牙不像現代已淪為歐洲二等國家，而是歐洲大陸上首屈一指的一流強國，比路易十四統治初期的法國還強大一籌。腓力四世統治西班牙二十年來，一直在同法國交戰。法王路易十四的母后安娜是西班牙國王腓力四世的姐姐，出於政治上的考慮，他們決定向西班牙公主瑪麗·泰蕾絲求婚。因為當時英國與荷蘭都成了海上強國，為了抗衡這兩個潛在的敵人，只有與西班牙聯盟。尤其是實權派——法國首相馬札然認為，世界上只有一位公主堪配年輕的「太陽王」，那就是瑪麗，因為她將是整個庇里牛斯半島和大部分新大陸的女繼承人！

一六五九年七月，作為「太陽王」的首相，馬札然啓程去西班牙面談有關事宜。法國首相為了向西班牙炫耀法國的威勢，便帶去了一個龐大的儀仗隊。這個儀仗隊包括全宮廷的貴族、一百五十名穿制服的僕從、一百名騎士、兩百名衛士、廿四匹騾馬、八輛六匹馬拉的行李車、七輛隨行人員坐的華麗馬車。

瑪麗·泰蕾絲公主從小就受到西班牙馬德里宮廷的嚴格禮教，除了她的父親腓力四世和她的懺悔師之外，從來沒接觸過別的男人。一六六〇年，廿二歲的路易十四和母后安娜

一起前往西班牙去迎接新娘。

在正式婚禮之前，先於六月三日在西班牙的楓塔拉比教堂舉行間接的結婚儀式，由西班牙首相唐路易士．德．阿羅扮演求婚者。費桑島的大廳裏，鋪了兩塊地毯，兩塊地毯之間留了一道縫隙，象徵著兩國間不能逾越的邊界線。安娜太后站在地毯一邊和站在地毯另一邊的腓力四世欠身擁抱，姐弟倆已經四十五年沒見面了。第二天，才把新娘送給路易十四的母親安娜王后，並不送給新郎。

一六六〇年六月九日，路易十四與表妹瑪麗．泰蕾絲在法國西南邊境的小城聖．德呂茲市的教堂裏舉行了正式婚禮。因爲在此之前，按照西班牙宮廷的習俗，國王不能在婚禮舉行之前見到未婚妻。路易十四迫不及待地想見到自己的妻子，因而就在這座邊境城市舉行了婚禮。

當天，儀仗隊從國王住的行宮一直步行到教堂。一路上鋪著紅地毯。道路的兩旁是由無數花環把豎在地上的金色柱子連結一起而形成的彩色長廊。路易十四走在前面，身穿金線錦緞的結婚禮服。年輕的瑪麗．泰蕾絲跟在身後，她頭戴帽形王冠，身穿銀錢錦緞的結婚禮服，由兩位貴婦攙著。這對金絲銀線服飾的王室男女走入莊嚴的教堂，神父爲他們主持了嚴肅的婚禮。當已成爲法國王后的瑪麗進入巴黎時，全城以讚賞、尊敬的目光迎接他們年輕美貌的王后和英俊的國王。

路易十四和天真的王后住在巴黎羅浮宮二樓，夫妻倆各住一間大房子，兩間房子有一扇大門相通。結婚還不到一年，柔情蜜意的妻子便發現丈夫利用御床凹室的牆壁那裏的窄樓梯，經常到樓上宮女住的地方去，那裏有一位女官正在等候「太陽王」的光臨。這位女官可以說是他的第一個正式情婦，名叫路易士・德・拉瓦莉埃，是他弟媳的女官。

拉瓦莉埃是位公爵小姐，只有十七歲，一個偶然的機會，她避雨和國王藏在一棵樹下，風流的國王把他那頂裝飾著白羽毛的帽子戴在少女的金色頭髮上遮擋雨滴。此後，兩人暗中軟語溫存，約會不斷，有時國王在女官的寢室裏，直到次日凌晨四時才回到二樓自己的房子裏。那失意可憐的瑪麗王后只好待在自己的房間裏，默默凝望著窗外那黑暗一片的天空輕輕嘆氣，靜靜地等候丈夫的回頭。

瑪麗・泰蕾絲死得很早，她和「太陽王」所生的六個孩子中，大部分都童年夭折，僅剩一子長大。後來的法國國王路易十五即是瑪麗・泰蕾絲的曾孫。

女官拉瓦莉埃沒多久便成了媽媽，體形變粗的女官開始嘗到王后每晚坐在窗前那種苦澀的心情了。拉瓦莉埃爲路易十四生了四個孩子，後不堪忍受宮廷裏的環境，告別了孩子，去了修道院。女人心目中的太陽高掛空中，都想陽光只照耀自己。之後的路易十四照樣不回王后的寢室，他迷戀上了蒙特斯龐侯爵夫人。

蒙特斯龐侯爵夫人是巴黎社交界的一位光彩照人的豔婦，與路易十四維持了十三年的

關係，一共生了七個孩子。除了一個死去，其餘的都算做路易十四的正式子女。

同時，路易十四還與豐唐熱小姐來往，豐唐熱年輕、美貌，給「太陽王」生了一個兒子，被「太陽王」封爲公爵夫人。蒙特斯龐侯爵夫人常常與豐唐熱小姐相互爭奪首寵地位，但不料後來卻殺出了一匹黑馬，使她的地位受到嚴重威脅。這匹黑馬就是她以前的侍女兼兒子的保姆曼特農夫人。

「太陽王」最初和曼特農夫人接觸時，對她相當厭惡。因爲她長得並不漂亮，又不年輕性感，同時比「太陽王」還要大四歲，閱歷太深，讓人不放心。只是因爲蒙特斯龐侯爵夫人的面子才沒有把她趕出宮去，大約在曼特農夫人進宮兩年後，蒙特斯龐侯爵夫人生下來一個孩子，一條腿畸形，需要秘密撫養和照顧。蒙特斯龐侯爵夫人——國王的第一號情婦想到了這個一向溫順聽話的曼特農夫人，決定由她撫養這個孩子。在照顧的過程中，每天需向「太陽王」彙報孩子的情況，在逐漸深入的接觸過程中，「太陽王」對她的感情由厭惡轉向信任與喜歡，繼而又轉向熱愛與依賴。

蒙特斯龐侯爵夫人做夢也沒有想到，「太陽王」會把自己的侍女做爲第一號首寵，後來每次面對以前的侍女、保姆曼特農夫人，她也只能在暗中惱怒，因爲她的對手總是讓她找不到發作的藉口。對於「太陽王」來說，這次的戀情更爲平靜也更爲隱蔽，也激起了他心靈深處更大的漣漪。曼特農很會把握分寸，從來不參與國家大事的討論，也從不利用自

己的個人地位來撈取好處，既不讓路易十四失望，又不使他不快。現在的國王每天辦完公事之後，不再回到蒙特斯龐侯爵夫人的寢宮，而總是跑到曼特農夫人的房間去促膝長談。

自一六八五年起，蒙特斯龐侯爵夫人不再在宮中出現，但她一直享有一筆豐厚的年金，直到一七〇七年去世。而「太陽王」卻做出了一件冒天下之大不韙的事情，一六八三年，路易十四和比自己大四歲的曼特農夫人在一個小教堂秘密結婚。基督教國家不允許教民在教堂公開舉行兩次婚禮（妻子死亡或正式離婚者除外），否則以重婚罪論處，帝王也不例外。而瑪麗．泰蕾絲皇后在這一年才去世，這意味著曼特農夫人現在是一位秘密王后了，但法國哲學家伏爾泰對這位秘密王后推崇備至。

晚年的「太陽王」一直與曼特農夫人相廝守，在曼特農夫人的悉心照料下，一七一五年，路易十四以七十七歲高齡去世，是歷代帝王中的一位高壽者。這樣，儘管「太陽王」一生風流，晚年卻與曼特農夫人相廝守了三十二年，可以說是相濡以沫了，至此爲他浪漫的一生劃上了一個圓滿的句號。

鐵面人是在法國路易十四當政期間的一名神秘的囚犯，他曾先後被關押於皮內羅要塞、巴士底等監獄。由於此人的臉一直戴著一個由絨布製成的黑色面具，沒有任何人見過他的面容，因此他的真實身分受到許多著名學者的關注和研究，並成為許多小說及電影的題材。

有人說，「鐵面人」是路易十四的生父多熱。路易十三與王后安娜一直不合，兩人長期分居。為了緩和他們的夫妻關係，當時擔任首相的紅衣大主教黎塞留曾從中調解，使得路易十三與王后重歸於好。但是，在國王與王后分居期間，王后已經與貴族多熱有了孩子。孩子出生後，為了避人耳目，多熱被迫流落他鄉。孩子後來長大成人，並繼承了路易十三的王位，成為了路易十四。多熱聞訊後悄悄返回，將實情告訴了路易十四。路易十四既害怕醜聞暴露，又不好對生身父親下毒手，只好想了個絕招，給他戴上面罩，送進監獄裏度過餘生。

也有人說，鐵面人就是路易十四的孿生兄弟。為了避免王位的紛爭，這個不幸的王子從小就被軟禁在荒僻的地方。後來有人曾利用這個與路易十四長得一模一樣的王子，導演了一場宮廷政變，但由於準備不足而流產，作為懲罰，王子被罩上了鐵面，永世不得取掉。大仲馬著名的長篇小說《俠隱記》即是以此為藍本。

母子爭江山

同治患「花柳病」秘事

同治（一八五六～一八七五），名載淳，咸豐帝之長子。咸豐十一年（一八六一）七月立為皇太子，十月即皇位，年六歲。由東西兩宮皇太后垂簾聽政，一直至同治十二年正月方親政。親政後，詔禁粟，並積極籌措海防、練兵諸事。是年十二月初四，病卒於養心殿。諡毅皇帝，廟號穆宗，葬惠陵。

咸豐帝才三十一歲就病逝，其子載淳嗣位，改元爲祺祥。肅順被殺後，幼帝年僅八歲，由兩宮太后垂簾聽政，再度改元爲同治。

光陰飛駛，匆轉瞬過了幾年，同治已到了大婚之年。到同治十年冬季，挑選了崇綺的

女兒與鳳秀的女兒。崇綺的女兒已十九歲，鳳秀的女兒年只十四歲。慈禧因阿魯特氏是咸豐皇帝遺命輔政的八大臣之一、後被賜死的鄭親王端華的外孫女，不願讓她做皇后，而擬選鳳秀的女兒富蔡氏。但表面上免不得要與慈安后商量。

慈安認爲崇綺的女兒端莊謹默，德性最好，堪配中宮。慈禧心中不樂意，但沒表現出來，她說：「鳳女雖是年輕，聞她卻很賢淑。」慈安道：「鳳秀的女兒太輕佻，不宜選爲皇后，只能當一個貴人。」這句話刺痛了當貴人出身的慈禧，不免懷恨在心。但又不好爭辯，只好提議說讓弈訢參酌。不料恭親王也主張年長。

同治帝大婚，冊封崇綺女阿魯特氏爲皇后，並封鳳秀女富察氏爲慧妃。這時皇帝已經成人，兩宮太后撤簾歸政。這本是慈安的主張，慈禧不便辯駁，又想同治帝是親生兒子，將來如有大政，總要稟白母后，暗中仍可攬權。當即隨聲附和，下了懿旨。

慈禧私下參掇慧妃，要她漸漸地放出柔媚手段，把同治的心竅迷戀起來，也不怕皇后專權了。卻不知同治和皇后異常親密，因爲皇后氣度端凝，毫無半點輕浮模樣，所以同治非常敬重她。夫妻兩人常在宮中廝守。皇后熟讀詩書，平日在宮中，同治常和她談論詩文，皇后亦能對答如流。

同治十一年，同治帝親裁國政，一年以內，倒也不敢怠忽，悉心辦理。只是性格剛強，頗與慈禧相似。慈禧雖已歸政，遇有軍國大事，仍著內監密行查探，探悉以後，即

傳同治帝訓飭，責他如何不來稟白。同治帝也是倔強，自思母后既已歸政，爲什麼還來干涉？母后要他稟報，他卻越加隱瞞，因此母子之間，反生意見。

同治新婚燕爾，遵照舊例，便天天的同皇后，每逢早晚，都到兩宮皇太后前叩頭請安。慈安靜養深宮，凡事不去過問，且當同治帝進謁時候，總是和容悅色，並沒有一毫怒意，慈安見著皇后，也很是鍾愛，不像慈禧的疾言厲色。同治帝因她和藹可親，所以時去省視，反把本生母后撇諸腦後。慈禧太后愈滋不悅，有時且把皇后傳入宮內，叫她從中勸諫。皇后雖是唯唯遵命，心中恰與皇帝意旨相合。花前月下，私語喁喁，竟將太后所說的言語和盤托出，反激動皇帝懊惱。背後言語總有疏虞，傳到慈禧太后耳中，索性遷怒皇后，銜恨切骨。

慈禧非常喜歡聽戲，她把外城戲班的角色召進宮來，稱爲供奉。慈安性情和藹誠實，本是無可無不可的，便沾了慈禧太后的餘潤，得便也是聽戲消遣。滿家舊例，婆媳之間，禮節最繁，皇后也便時常陪侍左右。所演的戲多是男女偷情和姦殺淫亂一類，皇后的性情原不是輕浮佻達，所以遇見這種戲劇，便把臉對了牆壁，看也不看。慈禧見她這般模樣，便道：「這種戲演得很好，你怎的不看呢？」

皇后道：「淫穢到這般地步，還值得一看嗎？」慈禧益發地恨了起來。

有一天，皇后正侍候兩宮太后看戲，同治無意中闖了進去，見過太后，皇后便微微的

笑著，站起來迎接。慈禧便斥道：「見著皇上，應該好端端的迎駕，怎的放出狐媚手段，去迷惑聖心？」皇后無端受了一番訓斥，難過地俯首無語。同治見了便忍著氣走了。慈安見皇后羞慚得恨無餘地可入，不覺得疼憐起來，便搭訕著和皇后說了幾句。直到戲散，皇后赧然回到自己的寢宮，想起胸中積悶，放聲大哭起來。

慈禧因同治和皇后打得火團一般的熱，很替慧妃不平，便對同治說道：「皇上當知祖宗創業艱難，千萬不要常至中宮，應當勤於政事，況且皇后不很賢慧，更未能熟諳禮節，比較起來，實在不如慧妃，皇上以後就該好好的款待慧妃才是。」同治當時聽著，口裏雖唯唯應允，心中卻大不爲然。回到自己的內宮，依舊不與慧妃親近。

慈禧又下諭給皇后道：「皇上初次親政，國事爲重，不可常宿中宮。」消息傳到慈安那邊，慈安心想：慈禧下此諭，未免有些蹊蹺，本待想給同治和皇后兩人依舊撮合在一處，只因慈禧的諭上所憑藉的話乃是國事爲重，用這種大帽子來壓人，倒覺得無可措辭，也就只得隱著不言。

皇后遭到這種強迫的分離，精神上所受的刺激，真是深到萬分，天天早起遵守規例，仍須往兩宮皇太后面前叩頭請安。慧妃因爲得到了慈禧的寵幸，又眼見皇后已遭擯斥，心中十分得意。有時在慈禧宮中，和皇后相遇，她眼見慈禧對待皇后的模樣，也便放出一種很鄙視的態度。慈禧私自囑吩李蓮英，待同治有時召幸妃嬪的時候，把慧妃背到御床。誰

知同治見了慧妃，觸起慈禧太后待皇后的心事，便理也不理的挨到天明。同治不能和皇后待在一處，想要召幸別的妃嬪，又因李蓮英常把慧妃背來塞責。同治的帷幃之私，實已毫無趣味可言，同治從此也不再召幸妃嬪。

同治帝連日怏怏，時常無端暴怒。內監便想出法子，導同治帝微行，往民間採風觀俗，其實就是嫖妓。

同治帝與太監周道英夜間出宮，穿過六街三市，到了南城一帶。那裏向是娼寮聚居的地方，酒地花天，金吾不禁。他微服出遊，最怕碰見王公大臣；因此，凡是大的娛樂場所、大店鋪、大飯館都不敢去。他光顧的地方是天橋夜市場、韓家潭妓院，以及冷僻街道的茶館、酒店。當晚同治便與窯姐一宵恩愛，說不盡幾許風流。

春宵苦短，天未亮，回到乾清宮。同治仍照向來慣例，到前殿上朝，大臣們都沒有絲毫察覺。退朝回來，同治也仍到兩宮太后處請安，兩宮皇太后也是毫無覺知。從此以後，每天到了晚上，便到窯子中間嫖逛，仍然到天亮才回。

光陰荏苒，忽忽的過了數月。日子漸久，膽子也漸漸的大了，便不再教周道英跟著，獨自走動起來，所認識的窯姐兒也越來越多。秦樓楚館的溫柔滋味，與宮中大不相同，個個妖豔，眉挑目語，無非賣弄風騷，淺透輕顰，隨處生人憐惜。開瓊筵以坐花，飛羽觴而醉月。燈紅酒綠，玉軟香溫。既而玉山半頹，羅襦半解，衣扣輕鬆，柔情欲醉。描不盡的

媚態，說不完的綢繆，倒鳳顛鸞。同治真願此生長老於此溫柔鄉。

翰林院侍讀王慶祺是花月場裏的老手，同治與他時常切磋，而後君臣同嫖。不久又加上恭親王的兒子載澄。載澄曾在宏德殿伴讀，自小與同治帝相狎。載澄是有名的紈褲子弟，一向把性命看得很輕，常常酒後發興，只求眼前一時快樂，卻不顧後來的情形，不惜重金，到處尋覓春藥。同治近墨者黑，也時常服那春藥以求一時之歡。日子久了，北京城裏逐漸傳遍了同治帝微服出遊的事，只瞞著慈禧太后一人。

這天同治在街市閒逛，忽看見一名二十來歲的少婦，打扮得十分明豔，那一雙媚眼，更是澄清朗澈，和秋水般似的。抬頭急見同治站在面前，笑了一笑。同治逛窯子已是很久，料到少婦不是良家婦女，便挨近少婦身邊，少婦又回頭對同治笑了一笑。同治雖是久經風月的人，但受了少婦的媚態，卻像失了魂魄似的了。同治這時大著膽子搶步上前，挨近她身邊說：「姑娘奔跑太勞，何不同去歇息？」少婦假裝羞赧模樣。同治便把吊膀子的手段都使了出來。少婦便與同治找了一家客店，借地作陽臺，遊子蕩女湊在一起。誰知風流過後，同治竟染上花柳病。所謂春風一度，毒染寸躬。

同治在乾清宮一覺醒來，覺得下體有些疼痛，卻不在意。依然悄悄的挨出宮來，到花柳巷裏消遣。但是這種風流毒瘡，傳染蔓延最是迅速。遇到身體虛弱的人，更是來勢兇猛，往往當天發作，立刻潰爛。也有十來天不治而死，也有月餘不治而死的。同治拼命在

花月場中廝混，身體原很虛弱，現在又染得風流瘡毒，這種瘡毒便無孔不入的鑽了進來，同治的風流地方又腫又痛。挨到天明，身體又發熱來，宮監們去奏知兩宮太后。不多時，太醫已到，問起病情，同治便說偶然發些寒熱罷了。太醫們便斟酌開上藥方，照方配藥。

隔了幾天，同治滿面起了瘡疥。兩宮太后見了大驚，卻又以爲同治是發了痘疹。復召太醫們入宮診視。太醫見了同治的模樣，大吃一驚，心想這種模樣，分明是梅毒發作，但以爲皇帝萬無生此惡疾之理；又聽得兩宮太后聲聲說是痘診，只得開了痘疹的藥方。同治躁怒：「我非患天花，何得以天花治！」太醫奏：「太后命也。」

受了淫毒，起初還可支持，延到十月，連頭面上都發現出來。宮廷裏面，盛稱皇上生了天花，蘊毒愈深，受病癒重。

十一月初，御體竟不能動彈，皇后前來看望，不敢闖進屋內，只得隔窗問候。慧妃正走向宮中來，聽得皇后的聲音，急回身走到慈禧太后宮裏說：「皇上大病才有轉機，見了皇后，怕又要糟蹋了身子，再發起病來可不是玩的。」皇后退出以後，不到多時，慈禧來了，便問道：「可有人來過？」小宮監不敢隱瞞，直說：「皇后娘娘來過一遭，隔窗說了幾句話。」慈禧太后聽著，也不出聲。

隔了一天，同治病忽復發，瘡疥又紅腫起來。慈禧太后見了大驚，立刻傳旨把皇后喚來。皇后戰戰兢兢的來到乾清宮。慈禧照準皇后的臉打了幾巴掌，直打得皇后臉青唇腫。

慈禧太后叱道：「騷狐精！我打了你，你可心服嗎？」

皇后道：「老佛爺應當責打的，怎敢不服，只是奴才有何罪名？」

慈禧道：「好個騷狐精，自己做的事，還敢躲賴嗎？我先問你，皇上病到這般地步，你還妖媚無恥，必欲把皇上的命送掉了才罷歇嗎？」

皇后聽著，才知道爲了自己昨天問候的事情，便跪奏道：「奴昨天到此問候，因爲老佛爺有旨在先，不敢進內，隔窗請了皇上聖安，立刻退出的，怎敢妖媚無恥，伏叩老佛爺聖鑒。」

慈禧聽了，哼哼的冷笑了幾聲，叱道：「不打總不肯招。」說道，便命李蓮英把皇后拖去笞責。

同治在床上想掙起身來，跪求饒恕，只因病勢已重，哪裡還掙得起來，便伏枕叩頭道：「老佛爺請息雷霆之怒，姑且饒她一次罷！」

慈禧見同治出來說情，便照準皇后的臉蛋又是幾下，把皇后的面上抽得血痕縷縷。同治情急之下，暈倒在床上。慈禧這才罷手。同治帝從此臥病不起，日趨惡化。

同治心情悒鬱，加上藥不對症，不多久便下部潰爛，臭不可聞，面頰腫硬，牙浮口黏，頭髮統都脫落，洞見腰腎。十二月初五日，崩於養心殿東暖閣。終年十九歲。民間流傳著一副對聯：「不愛家雞愛野鶩，可憐天子出天花。」

皇后爲自己渺茫的前程感到絕望，竟吞了金屑，經搶救暫緩死日，後又絕食，至光緒元年二月二十日猝死在儲秀宮，時年二十二歲。

關於同治的死至今有多種說法。至於「死於天花」之說，根據內廷李越縵、翁同龢的筆記所載：「十一月穆宗生天花，偏體蒸灼。」徐藝圃撰《同治帝之死》也認爲同治死於天花。清代檔案《萬歲爺進藥用藥底簿》，很詳細地記錄了自同治十三年十月三十日下午得病，召御醫李德立、莊守和入宮請脈起，直至十二月初五日夜同治病死，前後脈案、所開的處方、共用了一百零六副藥的情況。

據這份脈案的記載，同治是死於天花。同治帝的「脈案」留到今天，確實有助於解決和澄清一些歷史上存疑的問題。但脈案背後有更深的政治運作決定。「梅毒」二字，御醫是不敢說的，也不敢按照梅毒來治，脈案上就不會記載。清皇室對天花相當畏懼，順治帝就曾頒佈「避痘諭旨」，但他最終還是難逃天花，據說清廷後來選擇康熙的原因，即因他已經出過痘，終生對天花免疫。

同治貴爲天子，他怎麼可能沒有接受過種痘呢?如果確實接受了種痘，天花就算不幸在他身上發生，他也應該具有一些抵抗力，不至於如此脆弱。中國民間有句俗話說：「生了孩子只一半，出了天花才算完全。」據記載，「兩宮太后俱在御榻上持燭令諸臣上前瞻仰」，照理說，天花是一種極強的傳染病，滿州人視之爲毒蛇猛獸，但兩宮太后與諸臣子

花的一個疑點。

竟然還敢上前瞻仰，這與清初宮廷恐怖避痘的措施大相徑庭。其實也是同治是否得的是天花的一個疑點。

在大多數野史筆記裏都記載同治死於梅毒的傳聞。野史有時並非一定是不可信的、荒謬的，反而可以反映出正史的矛盾之處，而發揮它的史料價值，或是提供人們不同視角下所顯現出來的歷史圖像。《清稗類抄》中認為同治死於梅毒。清朝初年，從順治到雍正，頒佈過幾次詔令，採取過一些措施，禁止與取締賣淫嫖宿。順治八年，奉旨停止教坊女樂。雍正年間，又詔令廢除官妓。但是過了不久，反而進一步地蔓延發展了起來。雍正之後的幾代皇帝對於娼妓的活動也多聽之任之，令雖行而禁不止，乾隆皇帝巡視江南時，甚至親自召幸過女伶昭容和雪如。乾隆以後，娼妓之盛，當時來華的日本人也有記載，《唐土名勝圖》認為，古今風土變遷，最可玩味者，莫如戲樓與妓館。其中的《東西青樓之圖》，是在北京的燈市口之東一帶，妓皆長袍盛妝，彈箏侑酒，繡簾紅燭，迥非今世所見。

咸豐時，北京的妓風大熾，「胭脂石頭胡同，家是紗燈，門揭紅帖，每過午，香車絡繹，遊客如雲，呼酒送客之聲，徹夜震耳，士大夫相習成風，恬不為怪，身敗名裂，且有因此褫官者。」乾隆都可以下江南嫖妓，同治就近在北京風流也是有很大的可能的。

另據當時外國人推測，同治可能死於政治原因。一八七五年一月十七日的《紐約時

報》作了這樣猜測：

「一些悲觀失望的外交家很可能會推測，正如他們當兩位日本天皇相繼暴卒時他們所推測的那樣，這次同治皇帝之死是真正在幕後執政的那些人所策劃的，他們期望以此能推阻洋人修約的計畫。同治皇帝沒有自己的兒子，他把皇位留給了另一個未成年的繼承人，大清帝國的實際統治權將因此再次落到攝政者的手裏。」

大意是同治之死是政治陰謀的結果。

別折騰了，皇帝老爺

作者：徐永亮
出版者：風雲時代出版股份有限公司
出版所：風雲時代出版股份有限公司
地址：105台北市民生東路五段178號7樓之3
風雲書網：http://www.eastbooks.com.tw
官方部落格：http://eastbooks.pixnet.net/blog
Facebook：http://www.facebook.com/h7560949
信箱：h7560949@ms15.hinet.net
郵撥帳號：12043291
服務專線：(02)27560949
傳真專線：(02)27653799
執行主編：朱墨菲
美術編輯：許芷姍
法律顧問：永然法律事務所 李永然律師
北辰著作權事務所 蕭雄淋律師
版權授權：北京樂土文化藝術有限公司

初版日期：2013年3月
ISBN：978-986-146-907-2

總 經 銷：成信文化事業股份有限公司
地　　址：新北市新店區中正路四維巷二弄2號4樓
電　　話：(02)2219-2080

行政院新聞局局版台業字第3595號 營利事業統一編號22759935

國 家 圖 書 館 出 版 品 預 行 編 目 資 料

別折騰了，皇位老爺 ／ 徐永亮著.-- 初版.
臺北市：風雲時代，2012.07 -- 面；公分

ISBN 978-986-146-907-2（平裝）
1.世界史　2.帝王　3.通俗史話

711　101013169

原價：280元
限量特惠價：199元